대한민국 법령 시리즈 7

학교안전사고 예방 및 보상에 관한 법률

(약칭 : 학교안전법)

법령

시행령

시행규칙

해광출판사

머리말

이 책은 방대한 법전을 보지 않고 간편하게 해당되는 법령만 참고해서 볼 수 있도록 하였습니다. 공공기관이나 관련 종사자들이 쉽고 간편하게 해당 법령을 참조 할 수 있도록 하였습니다.

특히 해당법률은 물론 관련 시행령, 시행규칙을 함께 실어 관련법을 서로 참고할 수 있게 하였습니다.

법률이라는 것이 크든 작든 항상 변하는 관계로, 출간 이후의 정확하고 최신의 법률은 법제처 국가법령정보센터에서 확인이 가능하니 법률의 실제 적용 시 확인이 필요한 점 유의하기를 바랍니다.

편집부

* 수록 법률은 법제처 국가법령정보센터에서 확인 가능합니다.
* 발행일 기준 시행 법률이므로 최신 법령은 위 센터에서 볼 수 있습니다.
* 본 책자에 수록된 법률의 문구에 대하여 법적인 효력은 없으며,
  실제 적용 법률은 위 센터에서 최신의 법률로 확인하시기 바랍니다.
* 해당 법령과 함께 시행령, 시행규칙도 수록되어 있습니다.
* 발행일 기준으로 개정 예정 법률은 밑줄로 별도 표시되어 있으며,
  보다 정확한 것은 법제처에서 확인하기 바랍니다.

목차

학교안전사고 예방 및 보상에 관한 법률
(약칭 : 학교안전법)

[시행 2025. 7. 22.] [법률 제20669호, 2025. 1. 21., 일부개정]

제47조(수급권의 보호)
제48조(비용의 보전)
제7장 공제료
제49조(공제료)
제50조(공제료의 납부고지)
제51조(국가 등의 공제료 부담)
제8장 학교안전공제및사고예방기금
제52조(기금의 설치 및 조성)
제53조(기금의 용도)
제54조(기금의 관리 · 운용)
제55조(기금의 운용계획)
제56조(잉여금 · 손실금 · 차입금)
제9장 심사청구 및 재심사청구
제57조(심사청구의 제기)
제58조(학교안전공제보상심사위원회)
제59조(심사청구에 대한 심리 · 결정)
제60조(결정의 효력)
제61조(재심사청구의 제기)
제62조(학교안전공제보상재심사위원회)
제63조(재심사청구에 대한 심리 · 재결)
제64조(재결의 효력)
제10장 보칙
제65조(시효)
제66조(서류의 송달)
제67조(자료의 제공 요청)
제68조(진찰요구)
제69조(비밀의 유지)
제11장 벌칙
제70조(벌칙 적용에서의 공무원 의제)
제71조(벌칙)
제72조(과태료)
제73조삭 제

**개정 예정 법률 밑줄 별도 표시.

학교안전사고 예방 및 보상에 관한 법률
(약칭 : 학교안전법)

[시행 2025. 7. 22.] [법률 제20669호, 2025. 1. 21., 일부개정]

제1장 총칙

제1조(목적) 이 법은 학교안전사고를 예방하고, 학생·교직원 및 교육활동참여자가 학교안전사고로 인하여 입은 피해를 신속·적정하게 보상하기 위한 학교안전사고보상공제 사업의 실시에 관하여 필요한 사항을 규정함을 목적으로 한다.

제2조(정의) 이 법에서 사용하는 용어의 정의는 다음과 같다. 〈개정 2011. 5. 19., 2012. 1. 26., 2015. 1. 20., 2021. 3. 23.〉

1. "학교"라 함은 다음 각 목의 어느 하나에 해당하는 기관 또는 시설을 말한다.

가. 「유아교육법」 제2조제2호의 규정에 따른 유치원(이하 "유치원"이라 한다)

나. 「초·중등교육법」 제2조의 규정에 따른 학교(이하 "초·중등학교"라 한다)

다. 「평생교육법」 제20조제2항의 규정에 따라 고등학교 졸업 이

하의 학력이 인정되는 평생교육시설(이하 "평생교육시설"이라 한다)

라. 「재외국민의 교육지원 등에 관한 법률」 제2조제3호에 따른 한국학교

2. "학생"이라 함은 학교에 입학하여 수학하고 있는 사람을 말한다.

3. "교직원"이라 함은 고용형태 및 명칭을 불문하고 학교에서 학생의 교육 또는 학교의 행정을 담당하거나 보조하는 교원 및 직원 등을 말한다.

4. "교육활동"이라 함은 다음 각 목의 어느 하나에 해당하는 활동을 말한다.

가. 학교의 교육과정 또는 학교의 장(이하 "학교장"이라 한다)이 정하는 교육계획 및 교육방침에 따라 학교의 안팎에서 학교장의 관리·감독하에 행하여지는 수업·특별활동·재량활동·과외활동·수련활동·수학여행 등 현장체험활동 또는 체육대회 등의 활동

나. 등·하교 및 학교장이 인정하는 각종 행사 또는 대회 등에 참가하여 행하는 활동

다. 그 밖에 대통령령으로 정하는 시간 중의 활동으로서 가목 및 나목과 관련된 활동

5. "교육활동참여자"란 학생 또는 교직원이 아닌 사람으로서 다음 각 목의 어느 하나에 해당하는 사람을 말한다.

가. 학교장의 승인 또는 학교장의 요청에 따라 교직원의 교육활동을 보조하거나 학생 또는 교직원과 함께 교육활동을 하는 사람

나. 「비영리민간단체 지원법」 제4조제1항에 따라 등록된 비영리민간단체에서 학생의 등교·하교 시 교통지도활동 참여에 관하여 미

리 서면으로 학교장에게 통지하여 학교장의 승인을 받거나 학교장의 요청에 따라 그 단체의 회원으로서 교통지도활동에 참여하는 사람

6. "학교안전사고"라 함은 교육활동 중에 발생한 사고로서 학생·교직원 또는 교육활동참여자의 생명 또는 신체에 피해를 주는 모든 사고 및 학교급식 등 학교장의 관리·감독에 속하는 업무가 직접 원인이 되어 학생·교직원 또는 교육활동참여자에게 발생하는 질병으로서 대통령령으로 정하는 것을 말한다.

제3조(국가 또는 지방자치단체의 지원 등) 국가 또는 지방자치단체는 예산의 범위 안에서 학교안전사고 예방 사업 및 이 법에 따른 학교안전사고보상공제 사업의 운영에 소요되는 경비를 지원할 수 있다.

제2장 학교안전사고 예방

제4조(학교안전사고 예방계획의 수립·시행) ① 교육부장관은 3년마다 학교안전사고 예방에 관한 기본계획(이하 "기본계획"이라 한다)을 수립·시행하여야 한다.

② 기본계획에는 다음 각 호의 사항이 포함되어야 한다.

1. 학교 안팎의 안전사고 예방정책의 기본방향 및 목표

2. 학교안전사고를 예방하기 위한 학교 안팎의 교육활동 운영의 기본지침에 관한 사항

3. 학교안전사고 예방 및 재난대비 훈련 등 학교안전교육에 관한 사항

4. 삭제 〈2019. 12. 3.〉

5. 학교 안전문화 확산에 관한 사항

6. 그 밖에 학교안전사고 예방을 위하여 필요한 사항

③ 교육부장관은 제1항에 따라 수립한 기본계획을 제4조의2에 따른 학교안전사고예방위원회의 심의를 거쳐 공표하여야 한다. 이를 변경하려는 경우에도 또한 같다.

④ 교육부장관은 기본계획을 수립하기 위하여 필요한 경우 관계 중앙행정기관의 장에게 관련 자료의 제출을 요청할 수 있다. 이 경우 요청받은 관계 중앙행정기관의 장은 특별한 사유가 없으면 이에 따라야 한다.

⑤ 교육감은 매년 기본계획에 따라 학교안전사고 예방에 관한 지역계획(이하 "지역계획"이라 한다)을 수립·시행하여야 한다.

⑥ 학교장은 기본계획과 지역계획을 바탕으로 학교의 교육과정 또는 학교장이 정하는 교육계획에 따라 매년 학교안전사고 예방에 관한 학교계획(이하 "학교계획"이라 한다)을 학교운영위원회의 심의를 거쳐 수립·시행하여야 한다.

⑦ 교육감은 매년 해당 연도의 학교계획 및 지난해의 학교계획에 따른 추진실적을 대통령령으로 정하는 바에 따라 평가하여 교육부장관에게 제출하여야 한다.

⑧ 그 밖에 계획 수립·시행 및 평가 등에 필요한 사항은 대통령령으로 정한다.

[본조신설 2015. 1. 20.]

제4조의2(학교안전사고예방위원회 구성) ① 교육부장관은 다음 각 호의 사항을 심의하기 위하여 교육부장관 소속으로 학교안전사고예방위원회(이하 "예방위원회"라 한다)를 둔다.

1. 기본계획의 수립 및 시행에 대한 평가

2. 학교안전교육 프로그램 및 교재 개발

3. 학교안전사고 예방 관련 사업 추진

4. 그 밖에 학교안전사고 예방과 관련하여 위원장이 회의에 부치는 사항

② 예방위원회는 위원장을 포함한 21명 이내의 위원으로 구성한다.

③ 예방위원회의 위원장은 위원 중에서 호선하고, 위원은 학교안전사고 예방과 관련된 전문지식과 경험이 풍부한 사람 중에서 교육부장관이 임명하거나 위촉하되, 다음 각 호의 어느 하나에 해당하는 사람이 각 1명 이상 포함되어야 한다.

1. 학부모 대표

2. 「교육기본법」 제15조제1항에 따른 교원단체가 추천한 사람

3. 「비영리민간단체지원법」 제2조에 따른 비영리민간단체가 추천하는 사람

4. 대통령령으로 정하는 관계 중앙행정기관 소속 공무원

④ 예방위원회의 업무를 효율적으로 수행하기 위하여 예방위원회에 분야별로 분과위원회를 둘 수 있다.

⑤ 예방위원회 및 분과위원회의 운영 등에 필요한 사항은 대통령령으로 정한다.

[본조신설 2015. 1. 20.]

제4조의3(실태조사) ① 교육부장관 및 교육감은 기본계획과 시행계획을 효율적으로 수립·시행하기 위하여 학교안전사고 예방에 대한

실태조사를 할 수 있다.

② 교육부장관 및 교육감은 학교안전사고 예방에 대한 실태조사를 위하여 필요한 때에는 학교장 및 관계 기관 또는 단체의 장에게 관련 자료를 요청할 수 있다.

③ 교육부장관 및 교육감은 제1항에 따른 실태조사를 외부 전문기관에 위탁하여 실시할 수 있다.

④ 제1항에 따른 실태조사의 방법 등에 필요한 사항은 대통령령으로 정한다.

[본조신설 2015. 1. 20.]

제5조(학교안전사고의 예방에 관한 책무) ①교육부장관, 특별시·광역시·특별자치시·도 및 특별자치도(이하 "시·도"라 한다. 이하 같다)의 교육감(이하 "교육감"이라 한다), 학교장 및 「사립학교법」의 규정에 따라 사립학교를 설치·경영하는 자(이하 "학교장등"이라 한다)는 학교안전사고를 예방하고 학교시설을 안전하게 관리·유지하기 위하여 노력하여야 한다. 〈개정 2008. 2. 29., 2012. 1. 26., 2013. 3. 23.〉

②교육부장관 및 교육감은 학교안전사고의 예방을 위하여 필요한 시설물을 설치하고 학교안전사고의 발생 위험성이 있는 시설물을 보수·관리하는데 필요한 예산을 우선 지원하는 등 학교안전사고의 예방을 위하여 필요한 조치를 하여야 한다. 〈개정 2008. 2. 29., 2013. 3. 23.〉

제6조 삭제 〈2019. 12. 3.〉

제7조 삭제 〈2019. 12. 3.〉

제8조(학교안전교육의 실시) ①학교장은 학교안전사고를 예방하기 위하여 교육부령으로 정하는 바에 따라 학생 · 교직원 및 교육활동참여자에게 학교안전사고 예방 등에 관한 다음 각 호의 교육(이하 "안전교육"이라 한다)을 실시하고 그 결과를 학기별로 교육감에게 보고하여야 한다. 〈개정 2008. 2. 29., 2013. 3. 23., 2015. 1. 20., 2016. 2. 3., 2021. 3. 23.〉

1. 「아동복지법」 제31조에 따른 교통안전교육, 감염병 및 약물의 오남용 예방 등 보건위생관리교육 및 재난대비 안전교육

2. 「학교폭력 예방 및 대책에 관한 법률」 제15조에 따른 학교폭력 예방교육

3. 「성폭력방지 및 피해자보호 등에 관한 법률」 제5조에 따른 성폭력 예방에 필요한 교육

4. 「성매매방지 및 피해자보호 등에 관한 법률」 제5조에 따른 성매매 예방교육

5. 「초 · 중등교육법」 제23조에 따른 교육과정이 체험중심 교육활동으로 운영되는 경우 이에 관한 안전사고 예방교육

6. 그 밖에 안전사고 관련 법률에 따른 안전교육

② 삭제 〈2015. 1. 20.〉

③교육부장관 및 교육감은 다음 각 호의 사항이 포함된 안전교육에 필요한 교재와 프로그램을 개발 · 보급하고, 학교장의 요청이 있는 경우 교육부령으로 정하는 안전교육을 담당할 강사를 알선하는 등 안전교육에 필요한 지원을 하여야 한다. 〈개정 2008. 2. 29., 2013. 3. 23., 2015. 1. 20.〉

1. 안전사고 예방 및 대책에 관한 사항

2. 재난대비 훈련 및 안전에 관한 사항

3. 그 밖에 교육부장관이 필요하다고 인정하는 사항

④학교장은 필요에 따라 안전교육을 이론교육과 실습교육으로 병행하여 실시하되, 안전교육을 효율적으로 실시하기 위하여 교원 또는 교육활동참여자로 하여금 담당하게 하거나 교육부령으로 정하는 바에 따라 전문교육기관·단체 또는 전문가에 위탁하여 실시할 수 있다 〈개정 2012. 1. 26., 2015. 1. 20.〉

제8조의2(학교장의 교육활동 안전대책 점검·확인 의무) ① 학교장은 교육활동을 직접 실시하는 경우 학교안전사고 예방을 위하여 안전대책을 점검·확인하는 등 필요한 조치를 강구하여야 한다.

② 학교장은 교육활동을 관련 기관 또는 단체 등에 위탁하여 실시하는 경우 학교안전사고 예방을 위하여 다음 각 호의 사항을 점검·확인하여야 한다.

1. 위탁할 기관 또는 단체 등의 설립 인가·허가 등의 여부

2. 교육활동 중에 발생하는 사고로 인한 손해배상 책임을 담보하기 위한 보험 등의 가입 여부

3. 「청소년활동 진흥법」 제10조제1호에 따른 청소년수련시설의 경우 같은 법 제36조에 따라 인증을 받은 청소년수련활동 프로그램을 실시하는지의 여부

4. 「청소년활동 진흥법」 제10조제1호에 따른 청소년수련시설의 경우 같은 법 제18조, 제18조의2, 제18조의3, 제19조 및 제19조의2에 따른 안전점검 및 안전교육 실시, 종합평가 결과 및 이에 따른

개선조치 이행 등의 여부

5. 그 밖에 관계 법령에 따라 실시되는 교육활동 프로그램의 안전점검, 안전대책 등의 여부

③ 제2항에 따른 학교장의 점검·확인 요청을 받은 기관 또는 단체의 장, 지방자치단체의 장 등은 이에 따라야 한다.

④ 제1항부터 제3항까지의 규정에 따른 학교장의 교육활동 안전대책 점검·확인의 절차, 방법, 범위, 그 밖에 필요한 사항은 대통령령으로 정한다.

[본조신설 2014. 5. 14.]

제8조의3(학교안전사고 예방·대책 전담부서) 교육감은 시·도교육청에 학교안전사고 예방 및 대책을 담당하는 전담부서를 설치·운영하여야 한다.

[본조신설 2015. 1. 20.]

제9조(명예학교안전요원 위촉) 학교장은 학부모 또는 지역 주민 등을 명예학교안전요원으로 위촉하여 학교안전사고의 예방을 위한 순찰, 교통지도 등의 활동을 하게 할 수 있다.

제10조(안전조치 및 안전사고관리 지침 등) ① 삭제 〈2019. 12. 3.〉

② 삭제 〈2019. 12. 3.〉

③ 교육부장관은 학교 안팎의 교육활동 중에 발생한 사고와 위급상황에 효율적으로 대처하게 하기 위하여 교육활동에 따른 안전사고관리 지침을 제정하여 시·도교육청 및 학교에 보급하여야 한다. 〈신설 2015. 1. 20.〉

④ 학교장 및 인솔교사는 교육활동 중 발생한 사고 및 위급상황에 대하여 안전사고관리 지침에 따라 즉시 안전조치를 취한 후 교육부장관 또는 교육감에게 즉시 보고하여야 하고, 교육부장관 또는 교육감은 지원 대책을 신속하게 수립·시행하여야 한다. 〈신설 2015. 1. 20.〉

⑤ 학교장 및 교직원은 학생에 대한 학교안전사고 예방 및 안전조치의무를 다한 경우에는 학교안전사고에 대하여 민사상·형사상 책임을 지지 아니한다. 〈신설 2024. 12. 20.〉

[제목개정 2015. 1. 20.]

제10조의2(학교안전사고 예방활동 단체에 대한 지원) ① 교육부장관 및 교육감은 「비영리민간단체 지원법」 제4조제1항에 따라 등록된 비영리민간단체 중 학생의 등교·하교 시 교통지도활동 등 학교안전사고 예방활동에 참여하는 비영리민간단체(이하 이 조에서 "단체"라 한다)에 대하여 그 활동에 필요한 예산을 지원할 수 있다. 〈개정 2013. 3. 23., 2015. 1. 20.〉

② 학교장은 교육부장관이 정하는 바에 따라 단체로부터 학생들의 안전사고 예방과 관련한 의견을 정기적으로 들어야 하며, 그 내용을 학교운영에 반영하여야 한다. 〈개정 2013. 3. 23.〉

③ 학교장은 제2항에 따라 시장·군수·구청장 또는 관할 경찰서장의 협조가 필요하다는 의견을 들은 경우 해당 기관에 협조를 요청하여야 한다.

④ 제3항에 따라 요청을 받은 해당 기관의 장은 특별한 사유가 없으면 협조하여야 한다. 〈개정 2021. 3. 23.〉

[본조신설 2012. 1. 26.]

제10조의3(상담 지원 등) ① 교육부장관 및 교육감은 학교안전사고로 피해를 입은 학생·교직원 및 교육활동참여자, 그 가족에 대하여 심리적 안정과 사회 적응을 위한 상담 및 심리적 치료 등의 필요한 지원을 제공하여야 한다.

② 제1항에 따른 지원대상의 범위 등 지원에 필요한 사항은 대통령령으로 정한다.

[본조신설 2015. 1. 20.]

제10조의4(학교 밖 교육활동에 대한 안전 관리 및 지원 등) ① 학교장은 학생들의 안전한 학교 밖 교육활동을 보장하기 위하여 필요한 경우 학교 밖 교육활동이 이루어지는 장소 및 시설 등을 사전에 답사하는 등 관련 교육활동을 준비하는 단계부터 인솔교사를 보조하는 인력(이하 이 조에서 "보조인력"이라 한다)을 배치할 수 있다.

② 교육감은 보조인력의 배치에 필요한 행정적·재정적 지원을 하여야 한다.

③ 그 밖에 보조인력의 배치 기준·방법 등에 관한 세부적인 사항은 시·도의 조례로 정한다.

[본조신설 2024. 12. 20.]

제3장 학교안전사고보상공제 사업

제11조(학교안전사고보상공제 사업의 실시) ①교육감은 학교안전사고로 인하여 생명·신체에 피해를 입은 학생·교직원 및 교육활동참여자에 대한 보상을 하기 위하여 학교안전사고보상공제(이하 "학교

②공제회는 법인으로 한다.

③공제회는 주된 사무소의 소재지에서 설립등기함으로써 성립된다.

제16조(명칭) 공제회의 명칭에는 교육감이 관할하는 지방자치단체를 표시하는 문자를 사용하여야 한다.

제17조(정관) ①공제회의 정관에는 다음 각 호의 사항을 기재하여야 한다.

1. 목적
2. 명칭
3. 주된 사무소의 소재지
4. 사업에 관한 사항
5. 이사회에 관한 사항
6. 임원 및 직원의 임면에 관한 사항
7. 조직에 관한 사항
8. 자산 및 회계에 관한 사항
9. 정관 변경에 관한 사항
10. 내부 규정의 제정·개정 및 폐지에 관한 사항
11. 공고에 관한 사항

②공제회의 정관은 교육감의 인가를 받아야 한다. 이를 변경하고자 하는 때에도 또한 같다.

제18조(공제회의 사업) ①공제회는 다음 각 호의 사업을 수행한다. 〈개정 2012. 3. 21.〉

1. 공제가입자에 대한 공제료의 부과 및 징수
2. 제34조의 규정에 따른 공제급여의 지급 및 이에 관련된 업무

2의2. 「학교폭력예방 및 대책에 관한 법률」 제16조제6항에 따른 학교폭력 피해학생의 치료비 등의 지급, 구상권 행사 및 이에 관련된 업무

3. 학교안전사고의 예방과 관련된 사업

4. 학교안전사고 예방 및 학교안전공제 사업에 대한 교육·홍보

5. 제58조의 규정에 따른 학교안전공제보상심사위원회의 운영

6. 학교안전공제에 관하여 교육감이 위탁하는 사업

7. 학교안전사고와 관련된 공제가입자 또는 교직원 등의 지원에 관한 사업

8. 그 밖에 학교안전사고 예방 사업 및 학교안전공제 사업을 수행하기 위하여 필요한 사업

② 공제회는 학교안전사고 예방 등 그 목적을 달성하기 위하여 대통령령으로 정하는 범위에서 수익사업을 할 수 있다. 〈신설 2012. 3. 21.〉

제19조(공제회의 임원 등) ①공제회의 임원으로 이사장 1인을 포함한 7인 이상 15인 이내의 이사와 2인 이내의 감사를 두되, 임원은 비상임으로 한다.

②공제회의 이사장은 공제회를 대표하고, 공제회의 업무를 총괄한다. 〈개정 2021. 3. 23.〉

③공제회의 감사(監事)는 공제회의 업무와 회계를 감사(監査)한다.

④ 감사는 제3항에 따른 감사 결과 부정 또는 미비한 사항이 있는 것을 발견한 때에는 이사회에 보고하여야 하며, 교육감에게 회계감사 또는 직무감사를 요청할 수 있다. 〈신설 2012. 1. 26., 2021.

3. 23.〉

[제목개정 2012. 1. 26.]

제20조(공제회 임원의 임명 등) ①공제회의 이사장은 이사 중에서 교육감이 임명한다.

②공제회의 이사는 공제가입자의 추천을 받은 사람과 피공제자 또는 피공제자의 친권자ㆍ후견인 그 밖에 다른 법률에 따라 피공제자를 부양할 의무가 있는 사람(이하 "보호자등"이라 한다) 등을 대표하는 사람 및 다음 각 호의 어느 하나에 해당하는 사람 중에서 교육감이 임명한다. 〈개정 2007. 4. 11., 2021. 3. 23.〉

1. 4급 이상의 국가공무원(「국가공무원법」 제2조의2의 규정에 따른 고위공무원단(이하 "고위공무원단"이라 한다)에 속하는 공무원 및 장학관을 포함한다) 또는 지방공무원으로 재직하였거나 재직하고 있는 사람

2. 변호사 또는 공인회계사의 자격이 있는 사람

3. 「의료법」 제77조의 규정에 따른 전문의(이하 "전문의"라 한다)의 자격이 있는 사람

4. 「고등교육법」 제2조의 규정에 따른 대학, 산업대학, 교육대학, 전문대학, 방송ㆍ통신대학, 기술대학 및 각종학교(이하 "대학"이라 한다)에서 부교수 이상의 직에 재직하였거나 재직하고 있는 사람

③공제회의 감사는 제2항 각 호의 어느 하나에 해당하는 사람 중에서 교육감이 임명한다. 〈개정 2021. 3. 23.〉

④제2항의 규정에 따른 공제가입자의 추천 등 이사의 임명에 관하여 필요한 사항은 공제회의 정관으로 정한다.

⑤이사장·이사 및 감사의 임기는 3년으로 하되, 연임할 수 있다.

제21조(공제회 임원의 결격사유 등) ①「국가공무원법」 제33조제1항 각 호의 어느 하나에 해당하는 사람은 공제회의 임원이 될 수 없다. 〈개정 2021. 3. 23.〉

②공제회의 임원이 「국가공무원법」 제33조제1항 각 호의 어느 하나에 해당하게 된 때에는 당연히 퇴임한다.

③교육감은 공제회의 임원이 다음 각 호의 어느 하나에 해당하게 된 때에는 그 임원을 해임할 수 있다.

1. 신체 또는 정신상의 장애로 직무를 수행할 수 없다고 인정되는 때

2. 공제회의 업무와 관련하여 직무상의 의무를 위반한 때

제22조(이사회) ①공제회에 이사장 및 이사로 구성하는 이사회를 둔다.

②이사회는 다음 각호의 사항을 심의·의결한다.

1. 공제회의 사업과 활동을 지원하기 위한 기본계획 등의 수립·변경 및 집행에 관한 사항

2. 공제회의 정관 및 규정의 제정·개정 및 폐지에 관한 사항

3. 제52조의 규정에 따른 학교안전공제및사고예방기금의 관리·운용에 관한 사항

4. 그 밖에 이사회가 공제회의 사업을 위하여 필요하다고 인정하는 사항

③이사장은 이사회를 소집하고 그 의장이 된다.

④이사회는 재적이사 과반수의 출석과 출석이사 과반수의 찬성으로 의결한다.

⑤감사는 이사회에 출석하여 발언할 수 있으며, 공제회의 회계 또는 업무집행에 부정 또는 미비한 사항이 있음을 발견한 때에는 이사장에게 이사회 소집을 요구할 수 있다. 이 경우 이사장은 7일 이내에 이사회를 소집하여야 한다. 〈개정 2012. 1. 26., 2021. 3. 23.〉

⑥제1항부터 제5항까지의 규정 외에 이사회의 운영 등에 관하여 필요한 사항은 공제회의 정관으로 정한다. 〈개정 2021. 3. 23.〉

제23조(공제회 직원의 임면) 이사장은 공제회의 정관으로 정하는 바에 따라 직원을 임면한다. 〈개정 2021. 3. 23.〉

제24조(공제회의 재정) 공제회의 재정은 제52조의 규정에 따른 학교안전공제및사고예방기금으로부터의 전입금과 그 밖의 수입으로 충당한다.

제25조(지도 · 감독) ①공제회는 매 사업연도 개시 1개월 전에 해당 사업연도의 사업계획서와 예산서를 교육감에게 제출하여야 한다. 〈개정 2018. 12. 18.〉

②공제회는 사업연도 종료일부터 3개월 이내에 해당 사업연도 결산서를 작성하여 교육감에게 제출하여야 한다. 〈개정 2018. 12. 18.〉

③교육감은 공제회에 대하여 그 사업에 관한 보고를 명하거나 사업 또는 재산상황을 검사할 수 있고, 필요하다고 인정하는 때에는 정관의 변경을 명하는 등 필요한 조치를 할 수 있다.

제26조(유사명칭 사용금지) 공제회가 아닌 자는 학교안전공제회 또는 이와 유사한 명칭을 사용하지 못한다.

제27조(「민법」의 준용) 공제회에 관하여 이 법에 규정된 것을 제외하고는 「민법」 중 재단법인에 관한 규정을 준용한다.

제5장 학교안전공제중앙회

제28조(학교안전공제중앙회의 설립) 교육부장관은 학교안전사고 예방 사업과 학교안전공제 사업을 효율적으로 수행하기 위하여 학교안전공제중앙회(이하 "공제중앙회"라 한다)를 설립한다. 〈개성 2008. 2. 29., 2013. 3. 23.〉

제29조(공제중앙회의 사업) ①공제중앙회는 다음 각 호의 사업을 수행한다. 〈개정 2012. 1. 26., 2012. 3. 21., 2021. 9. 24.〉

1. 학교안전사고 예방정책의 수립을 위한 조사·연구
2. 제62조의 규정에 따른 학교안전공제보상재심사위원회의 운영
3. 학교안전공제 제도에 대한 조사·연구
4. 학교안전공제 공제급여의 지급기준 등에 대한 조사·연구
5. 제2조제1호라목의 한국학교에 대한 학교안전공제사업

5의2. 「고등교육법」 제2조에 따른 학교에 대한 안전사고보상공제 사업

6. 그 밖에 학교안전사고 예방 및 학교안전공제 사업의 수행과 관련하여 공제회의 업무를 지원하는데 필요한 사업

② 공제중앙회는 학교안전사고 예방 등 그 목적을 달성하기 위하여 대통령령으로 정하는 범위에서 수익사업을 할 수 있다. 〈신설 2012. 3. 21.〉

제30조(공제중앙회의 임원 등) ①공제중앙회에 임원으로 이사장 1인을 포함한 19인 이내의 이사와 2인 이내의 감사를 두되, 임원은 비상임으로 한다.

②이사장은 공제중앙회를 대표하고 공제중앙회의 업무를 총괄한

다. 〈개정 2021. 3. 23.〉

③감사(監事)는 공제중앙회의 업무와 회계를 감사(監査)한다.

제31조(임원의 선임 및 임기) ①공제중앙회의 이사장 및 감사는 대통령령으로 정하는 임원추천심사위원회가 추천하는 사람 중에서 교육부장관이 임명한다. 〈개정 2008. 2. 29., 2013. 3. 23., 2021. 3. 23.〉

②이사장을 제외한 공제중앙회의 이사는 교육부장관이 임명하되, 각 시·도공제회별로 추천하는 사람이 1인씩 총 16인이 포함되어야 한다. 〈개정 2008. 2. 29., 2013. 3. 23., 2021. 3. 23.〉

③제1항 및 제2항의 규정에 따른 공제중앙회 임원의 추천에 관하여 필요한 사항은 대통령령으로 정한다.

④이사장·이사 및 감사의 임기는 3년으로 하되, 연임할 수 있다.

제32조(공제중앙회의 재정) ①공제중앙회의 재정은 공제회의 분담금 및 그 밖의 수입으로 충당한다.

②제1항의 규정에 따른 공제회의 분담금 납부 및 그 밖의 필요한 사항은 대통령령으로 정한다.

제33조(준용규정) 제15조제2항·제3항, 제17조, 제21조부터 제23조까지, 제26조 및 제27조의 규정은 공제중앙회에 관하여 이를 준용한다. 이 경우 "공제회"는 각각 "공제중앙회"로, "학교안전공제회"는 "학교안전공제중앙회"로, "교육감"은 각각 "교육부장관"으로 본다. 〈개정 2008. 2. 29., 2013. 3. 23., 2021. 3. 23.〉

제6장 공제급여

제34조(공제급여의 종류) 공제회가 지급하는 공제급여의 종류는 다음 각 호와 같다. 〈개정 2021. 3. 23.〉

1. 요양급여
2. 장해급여
3. 간병급여
4. 유족급여
5. 장례비

제35조(공제급여액의 결정) ①공제회는 공제급여의 종류별로 제36조부터 제40조까지의 규정에 따라 공제급여액을 결정한다. 〈개정 2021. 3. 23.〉

②제1항에도 불구하고 법원의 판결 등으로 학교안전사고로 인하여 피공제자가 입은 피해에 대하여 공제가입자 또는 피공제자가 지급하여야 할 보상액 또는 배상액이 확정되는 경우 그 확정된 보상액 또는 배상액(지연배상금을 포함한다)은 이 법에 따른 공제급여액으로 보아 공제회가 이를 부담한다. 〈개정 2021. 3. 23.〉

제36조(요양급여) ①요양급여는 학교안전사고로 인하여 피공제자가 부상을 당하거나 질병에 걸린 경우에 피공제자 또는 그 보호자등에게 지급한다.

②요양급여는 학교안전사고로 인하여 피공제자가 입은 부상 또는 질병의 치료에 소요된 비용 중 「국민건강보험법」 제44조에 따라 피공제자 또는 그 보호자등이 부담한 금액으로 한다. 다만, 법원의 판결 등으로 「국민건강보험법」 제58조에 따라 공단의 구상권 행사에 따른 손해배상액이 확정된 경우 학교의 장이 부담할 부분은 공제회

가 부담한다. 〈개정 2011. 12. 31., 2012. 3. 21.〉

③제2항의 규정에 따른 요양급여의 범위는 다음 각 호와 같다. 〈개정 2019. 4. 23., 2021. 3. 23.〉

1. 진찰 · 검사
2. 약제 · 치료재료의 지급
3. 처치 · 수술 그 밖의 치료
4. 재활치료
5. 입원
6. 간호
7. 호송
8. 삭제 〈2021. 9. 24.〉

④ 제1항부터 제3항까지의 규정에도 불구하고 다음 각 호의 비용은 이 법에 따른 요양급여로 보아 공제회가 이를 부담한다. 〈개정 2021. 9. 24.〉

1. 「학교폭력예방 및 대책에 관한 법률」 제2조제1호에 따른 행위로 인하여 같은 법 제16조제1항제1호부터 제3호까지의 조치를 이행하는 데 필요한 비용
2. 인공팔다리 · 틀니, 안경 · 보청기 등 「장애인복지법」 제65조제1항에 따른 장애인보조기구의 처방 및 구입 비용
3. 요양 중인 피공제자의 부상 · 질병 상태가 의학적으로 다른 사람의 간병이 필요하다고 인정되는 경우의 간병료

⑤ 피공제자의 보호자등이 제4항제3호에 따른 간병을 하는 경우에는 같은 호에도 불구하고 간병에 소요되는 부대경비를 지급한다.

〈신설 2021. 9. 24.〉

⑥제1항부터 제5항까지의 규정에 따른 요양급여 및 부대경비의 지급기준 등에 관하여 필요한 사항은 대통령령으로 정한다. 〈개정 2012. 3. 21., 2021. 9. 24.〉

제37조(장해급여) ①장해급여는 제36조의 규정에 따른 요양급여를 받은 피공제자가 요양을 종료한 후에도 장해가 있는 때에는 「국가배상법」 제3조제2항제3호에서 정한 금액 및 같은 법 제3조제5항에서 정한 위자료를 피공제자 또는 그 보호자등에게 지급한다.

②제1항의 규정에 따른 장해정도의 판정기준·장해급여액의 산정 및 지급방법 등에 관하여 필요한 사항은 대통령령으로 정한다.

제38조(간병급여) ①간병급여는 제36조의 규정에 따른 요양급여를 받은 사람이 치료를 받은 후에도 의학적으로 상시 또는 수시로 간병이 필요한 경우에 실제로 간병을 받는 피공제자 또는 그 보호자등에게 지급한다. 〈개정 2021. 3. 23.〉

②제1항의 규정에 따른 간병급여의 지급기준 등에 관하여 필요한 사항은 대통령령으로 정한다.

제39조(유족급여) ①유족급여는 피공제자가 학교안전사고로 인하여 사망한 경우에 「국가배상법」 제3조제1항제1호에서 정한 금액 및 같은 법 제3조제5항에서 정한 위자료를 피공제자의 상속인에게 지급하되, 사실상 혼인관계에 있던 사람을 포함하여 지급한다. 〈개정 2012. 1. 26., 2021. 3. 23.〉

1. 삭제 〈2012. 1. 26.〉
2. 삭제 〈2012. 1. 26.〉

②제1항의 규정에 따른 유족급여의 지급기준 등에 관하여 필요한 사항은 대통령령으로 정한다.

제40조(장례비) ①장례비는 피공제자가 학교안전사고로 인하여 사망한 경우에 「국가배상법」 제3조제1항제2호에서 정한 평균임금의 100일분을 그 장례를 행하는 자에게 지급한다. 〈개정 2021. 3. 23.〉

②제1항의 규정에 따른 장례비의 지급기준 등에 관하여 필요한 사항은 대통령령으로 정한다. 〈개정 2021. 3. 23.〉

[제목개정 2021. 3. 23.]

제40조의2(위로금) ① 공제회는 피공제자인 학생이 교육활동 중에 학교안전사고 이외의 원인을 알 수 없는 사유로 사망한 경우에는 대통령령으로 정하는 위로금을 지급하여야 한다.

② 제1항에 따른 위로금은 제39조제1항에 따른 상속인에게 지급한다.

[본조신설 2012. 3. 21.]

제41조(공제급여의 청구 및 지급 등) ①제36조부터 제40조까지의 규정에 따른 공제급여를 지급받고자 하는 자는 교육부령으로 정하는 절차와 방식에 따라 공제회에 공제급여의 지급을 청구하여야 한다. 〈개정 2008. 2. 29., 2013. 3. 23., 2021. 3. 23.〉

②제1항의 규정에 따라 청구를 받은 공제회는 공제급여를 청구받은 날부터 14일 이내에 공제급여의 지급 여부를 결정하여야 한다. 다만, 제42조의 규정에 따른 조사의 필요성 등 정당한 사유가 있어 14일 이내에 공제급여의 지급 여부 결정이 어려운 때에는 14일을 연장할 수 있다.

③제2항의 규정에 따라 공제급여에 대한 지급 여부의 결정기간을 연장한 때에는 최초 지급 여부 결정기간이 만료되기 전까지 그 사유를 명시하여 공제급여의 지급을 청구한 자에게 통지하여야 한다.

④공제회가 공제급여를 지급하기로 결정한 경우에는 시체 없이 공제급여의 지급을 청구한 자에게 공제급여를 지급하여야 한다. 다만, 공제급여의 지급을 청구한 자의 신청이 있거나 공제회가 필요하다고 인정하는 경우에는 지급결정일 전이라도 공제급여의 전부 또는 일부를 먼저 지급할 수 있다.

⑤공제회는 제43조의 규정에 따라 공제급여의 전부 또는 일부를 지급하지 아니하기로 결정한 때에는 공제가입자와 공제급여의 지급을 청구한 자에게 지체 없이 그 이유를 통지하여야 한다. 이 경우 공제회는 공제급여의 지급을 청구한 자에게 제57조의 규정에 따라 심사 청구를 할 수 있다는 사실과 심사 청구 절차 및 기간 등을 알려야 한다.

제41조의2(학교안전공제 사업의 안내) ① 공제가입자는 학교안전사고 발생 시 피공제자에게 제41조에 따른 공제급여의 청구 및 지급 등의 내용을 포함한 학교안전공제 사업에 대하여 안내하여야 하며, 피공제자가 학생으로서 미성년자인 경우 보호자등에게도 그 사업을 안내하여야 한다.

② 제1항에 따른 안내의 방법 및 내용 등에 필요한 사항은 대통령령으로 정한다.

[본조신설 2025. 1. 21.]

제42조(학교안전사고의 조사 등) ①공제회는 공제급여의 지급 여부

를 결정하기 위하여 필요하다고 인정하는 경우에는 소속 직원으로 하여금 학교안전사고의 발생 장소를 방문하여 사고경위 등을 조사하게 하거나 사고관계자로 하여금 필요한 서류를 제출하게 하는 등의 조사를 할 수 있다.

②공제회는 공제급여의 지급 여부를 결정하기 위하여 필요하다고 인정하는 경우에는 「국민건강보험법」 제42조의 규정에 따른 요양기관(이하 "요양기관"이라 한다)에 대하여 관계 진료기록의 열람 또는 필요한 자료의 제출을 요청할 수 있다. 〈개정 2011. 12. 31.〉

③제1항의 규정에 따라 조사를 하고자 하는 경우 공제회는 조사의 목적 및 내용 등을 학교안전사고가 발생한 장소의 관리자, 공제가입자, 해당 피공제자 그 밖의 사고관계자 등에게 미리 알려야 하고, 사고 발생 장소를 방문하는 공제회 소속 직원은 신분증을 제시하여야 한다. 〈개정 2018. 12. 18.〉

④학교안전사고가 발생한 장소의 관리자, 공제가입자, 해당 피공제자, 요양기관 또는 그 밖의 사고관계자 등은 정당한 사유 없이 제1항 또는 제2항의 규정에 따른 조사를 방해하거나 자료의 제출을 거부하여서는 아니 된다. 〈개정 2018. 12. 18.〉

제43조(공제급여의 제한) ①공제회는 다음 각 호의 어느 하나에 해당하는 경우에는 이 법에 따른 공제급여의 전부 또는 일부를 지급하지 아니할 수 있다. 다만, 제3호에 해당하는 경우에는 공제급여를 지급하지 아니한다. 〈개정 2021. 3. 23.〉

1. 피공제자의 자해·자살. 다만, 학교안전사고가 원인이 되어 자해·자살한 경우에는 공제급여의 전부를 지급한다.

2. 학교안전사고로 인하여 피해를 입은 피공제자 또는 그 보호자 등이 정당한 사유 없이 요양기관의 지시를 따르지 아니하여 피공제자의 부상·질병 또는 장해의 상태가 악화되었거나 요양기관의 치료를 방해한 것이 명백한 경우

3. 학교안전사고와 관련하여 제36조부터 제40조까지의 규정에 따른 공제급여를 받을 권리가 있는 자(이하 "수급권자"라 한다)가 「자동차손해배상 보장법」의 규정에 따른 손해배상을 받은 경우

② 공제회는 제35조에 따라 공제급여액을 결정할 때 피공제자에게 이미 존재하던 질병, 부상 또는 신체장애 등이 학교안전사고로 인하여 악화된 경우에는 이미 존재하던 질병, 부상 또는 신체장애 등의 치료에 필요한 비용을 제외하고 공제급여를 지급할 수 있다. 〈신설 2021. 9. 24.〉

③ 공제회는 제37조부터 제39조까지의 규정에 따른 장해급여, 간병급여 및 유족급여를 산정할 때에는 피공제자에게 과실이 있으면 이를 상계할 수 있다. 〈신설 2021. 9. 24.〉

④공제회는 제12조 단서의 규정에 따라 공제회에 가입한 공제가입자가 교육부령으로 정하는 기간 이상 제49조의 규정에 따른 공제료를 체납하고, 그 체납이 피공제자의 귀책사유로 인한 경우에는 그 금액을 모두 납부할 때까지 공제급여를 지급하지 아니할 수 있다. 〈개정 2008. 2. 29., 2013. 3. 23., 2021. 3. 23., 2021. 9. 24.〉

⑤ 제2항 및 제3항에 따른 공제급여 지급제한 대상 및 기준 등 필요한 사항은 대통령령으로 정한다. 〈신설 2021. 9. 24.〉

제44조(피공제자 등에 대한 공제급여금의 청구 등) ①학교안전사고

가 다음 각 호의 어느 하나에 해당하는 사유로 발생하고, 공제회가 수급권자에게 공제급여를 지급한 경우 공제회는 수급권자에게 지급한 공제급여에 상당하는 금액의 지급을 학교안전사고를 일으킨 자 또는 그 보호자등에게 청구할 수 있다.

1. 피공제자의 고의 또는 중대한 과실로 인하여 학교안전사고가 발생한 경우

2. 피공제자 또는 공제가입자가 아닌 자의 고의·과실로 인하여 학교안전사고가 발생한 경우

②공제가입자는 학교안전사고가 발생한 때에는 이를 지체 없이 공제회에 통지하여야 한다.

제45조(다른 보상·배상과의 관계) ①학교안전사고로 인하여 발생한 피해에 대하여 수급권자가 이 법에 따른 공제급여를 받은 경우에는 학교안전사고로 인하여 발생한 피해에 대한 보상 또는 배상의 책임이 있는 국가·지방자치단체·공제가입자 또는 피공제자는 그 공제급여 금액의 범위 안에서 다른 법령에 따른 보상 또는 배상의 책임을 면한다.

②수급권자가 다른 법령에 따라 이 법의 공제급여에 상당하는 보상 또는 배상을 받은 경우 공제회는 그 보상 또는 배상의 범위 안에서 이 법에 따른 공제급여를 지급하지 아니한다.

제46조(부당이득의 환수) ①공제회는 공제급여가 다음 각 호의 어느 하나에 해당하는 사유로 지급된 경우에는 그 공제급여액에 상당하는 금액을 환수하여야 한다. 〈개정 2021. 3. 23.〉

1. 거짓이나 그 밖의 부정한 방법으로 공제급여를 받은 경우

2. 요양기관의 거짓 진단에 따라 공제급여가 부당하게 지급된 경우

3. 그 밖에 공제급여가 잘못 지급된 경우

②제1항제2호의 규정에 해당하는 경우 수급권자와 해당 요양기관은 연대하여 공제급여 상당액을 반환하여야 한다. 〈개성 2018. 12. 18.〉

제47조(수급권의 보호) ①수급권자의 공제급여를 받을 권리는 피공제자의 사망, 학교안전공제에 가입한 학교에서의 졸업·퇴학 등 신분관계의 변동으로 인하여 소멸되지 아니한다.

②수급권자의 공제급여를 받을 권리는 이를 양도 또는 압류할 수 없다.

제48조(비용의 보전) ①공제회는 교직원과 교직원의 업무를 보조하는 자 중 대통령령으로 정하는 자가 학교안전사고와 관련하여 비용을 지출한 경우 이에 대한 비용을 보전할 수 있다. 〈개정 2021. 3. 23.〉

②제1항의 규정에 따른 비용을 보전하는 경우 그 지급기준·절차 및 보전비용의 산정 등에 관하여 필요한 사항은 교육부령으로 정한다. 〈개정 2008. 2. 29., 2013. 3. 23.〉

제7장 공제료

제49조(공제료) ①공제가입자는 공제료를 공제회에 납부하여야 한다. 이 경우 공제가입자는 대통령령으로 정하는 바에 따라 피공제자에게 공제료에 충당하기 위한 금액의 전부 또는 일부를 징수할 수 있다. 〈개정 2021. 3. 23.〉

②공제회는 제1항의 규정에 따라 징수한 공제료를 제52조의 규정에 따른 학교안전공제및사고예방기금의 수입으로 계상하여야 한다.

③교육부장관은 대통령령으로 정하는 바에 따라 매 사업연도마다 전전년도 이전 최근 3년간의 학교안전사고의 발생 추이와 공제급여 지급 실적, 전전년도의 공제 사업 및 예방 사업 등의 운영경비와 물가 상승률 등을 반영하여 공제료 산정기준을 정하고 이를 고시하여야 한다. 〈개정 2008. 2. 29., 2013. 3. 23., 2021. 3. 23.〉

④공제회는 제3항의 규정에 따라 고시된 공제료 산정기준에 근거하여 관할 구역 내 학교안전사고의 발생 추이와 공제급여의 지급 실적, 학교의 종류 및 규모 등을 고려하여 공제료를 산정하고 이를 공제가입자에게 통보하여야 한다.

⑤제4항의 규정에 따라 산정된 공제료를 통보 받은 공제가입자는 통보된 공제료에 대하여 이의가 있을 경우 교육부령으로 정하는 절차와 방식에 따라 공제회에 이의를 신청할 수 있다. 〈개정 2008. 2. 29., 2013. 3. 23., 2021. 3. 23.〉

⑥ 교육부장관 또는 교육감은 제1항에 따른 공제료 납부의무를 이행하지 아니한 공제가입자에 대하여 대통령령으로 정하는 바에 따라 공제료 납부명령 등 그 위반행위의 시정에 필요한 조치를 할 수 있다. 〈신설 2015. 1. 20.〉

제50조(공제료의 납부고지) ①공제회는 제49조의 규정에 따라 산정된 공제료의 납부를 교육부령으로 정하는 절차와 방식에 따라 공제가입자에게 고지하여야 한다. 〈개정 2008. 2. 29., 2013. 3. 23., 2021. 3. 23.〉

②제1항의 규정에 따른 공제료의 납부고지서에는 다음 각 호의 사항을 기재하여야 한다.

1. 공제료의 금액

2. 납부기한

3. 납부장소

③공제료의 납부기한 · 납부방법 · 납부절차 등 공제료의 수납에 관하여 필요한 사항은 교육부령으로 정한다. 〈개정 2008. 2. 29., 2013. 3. 23.〉

제51조(국가 등의 공제료 부담) ①다음 각 호의 어느 하나에 해당하는 피공제자(제1호 및 제2호의 경우에는 학생인 피공제자를 말한다)에 대한 공제료는 이를 국가 또는 지방자치단체가 부담한다. 〈개정 2007. 7. 27., 2011. 5. 19., 2011. 8. 4., 2011. 9. 15., 2021. 1. 5., 2021. 3. 23.〉

1. 「국민기초생활 보장법」 제12조의 규정에 따른 교육급여를 받는 수급자와 그 자녀인 피공제자 및 같은 법 제24조의 규정에 따른 차상위계층으로 조사된 사람과 그 자녀인 피공제자

2. 「독립유공자예우에 관한 법률」 제15조의 규정에 따라 교육보호를 받는 사람, 「국가유공자 등 예우 및 지원에 관한 법률」 제22조제1항에 따른 교육지원 대상자, 「보훈보상대상자 지원에 관한 법률」 제25조제1항에 따른 교육지원 대상자, 「5 · 18민주유공자예우 및 단체설립에 관한 법률」 제12조의 규정에 따른 교육지원대상자 및 「특수임무유공자 예우 및 단체설립에 관한 법률」 제11조의 규정에 따른 교육지원대상자인 피공제자

3. 제2조제5호에 따른 교육활동참여자

②국가 또는 지방자치단체는 예산의 범위 안에서 학생인 피공제자

에 대한 공제료를 부담할 수 있다.

③ 제18조제1항제2호의2에 따른 학교폭력 피해학생의 치료비 등의 소요경비는 국가 또는 지방자치단체가 부담한다. 〈신설 2012. 3. 21.〉

제8장 학교안전공제및사고예방기금

제52조(기금의 설치 및 조성) ①교육감은 학교안전공제 사업 및 학교안전사고의 예방 사업에 필요한 재원을 확보하고, 공제급여에 충당하기 위하여 학교안전공제및사고예방기금(이하 "기금"이라 한다)을 설치한다.

②기금은 공제료 수입, 국가 및 지방자치단체의 보조금, 기금의 운용수익, 적립금, 결산상 잉여금, 차입금, 기부금과 그 밖의 수입금을 재원으로 하여 이를 조성한다.

제53조(기금의 용도) ①기금은 다음 각 호의 용도에 사용한다. 〈개정 2012. 3. 21., 2021. 3. 23.〉

1. 공제급여의 지급
2. 공제회의 재정 지원
3. 차입금 및 이자의 상환
4. 학교안전공제제도의 조사·연구·홍보 및 학교안전사고의 예방·교육지원 사업
5. 제18조제1항제2호의2에 따른 학교폭력 피해학생 치료비 등과 관련한 경비의 지급
6. 그 밖에 학교안전사고의 예방 및 학교안전공제와 관련하여 대

통령령으로 정하는 사업

② 제1항제5호에 대한 집행 기준, 절차 및 방법 등은 교육부령으로 정한다. 〈신설 2012. 3. 21., 2013. 3. 23.〉

제54조(기금의 관리ㆍ운용) ①기금은 공제회가 관리ㆍ운용한다.

②공제회는 다음 각 호의 방법에 따라 기금을 관리ㆍ운용하여야 한다. 〈개정 2021. 3. 23.〉

1. 금융기관 또는 체신관서에의 예입 및 금전신탁
2. 투자신탁 등의 수익증권 매입
3. 국가ㆍ지방자치단체 또는 금융기관이 직접 발행하거나 채무이행을 보증하는 유가증권의 매입
4. 그 밖에 기금 증식을 위하여 대통령령으로 정하는 사업

③공제회는 기업회계의 원칙에 따라 기금을 회계처리하여야 한다. 〈개정 2018. 12. 18.〉

제55조(기금의 운용계획) 공제회는 매 사업연도마다 교육부장관이 정하는 바에 따라 기금운용계획을 수립하여 교육감의 승인을 얻어야 한다. 〈개정 2008. 2. 29., 2013. 3. 23.〉

제56조(잉여금ㆍ손실금ㆍ차입금) ①기금의 결산상 잉여금이 생긴 때에는 이를 적립금으로 계상하고, 결산상 손실금이 생긴 때에는 적립금을 사용할 수 있다.

②교육감은 기금을 운용하면서 일시적으로 자금의 부족 등이 생긴 때에는 대통령령으로 정하는 절차와 방식에 따라 금융기관 등으로부터 차입 또는 일시 차입을 할 수 있다. 이 경우 일시차입금은 해당 사업연도 내에 상환하여야 한다. 〈개정 2018. 12. 18., 2021. 3. 23.〉

제9장 심사청구 및 재심사청구

제57조(심사청구의 제기) ①공제회의 공제급여 결정에 대하여 불복하는 자는 제58조의 규정에 따른 학교안전공제보상심사위원회에 심사청구를 할 수 있다. 〈개정 2021. 3. 23.〉

②제1항의 규정에 따른 심사청구는 공제급여에 관한 결정이 있음을 안 날부터 90일 이내에 하여야 한다. 다만, 천재·지변·전쟁·사변 그 밖의 불가항력적인 사유로 심사를 청구할 수 없는 기간은 심사청구기간에서 제외한다. 〈개정 2021. 3. 23.〉

③제1항의 규정에 따른 심사청구에 관하여 필요한 사항은 대통령령으로 정한다.

제58조(학교안전공제보상심사위원회) ①제57조의 규정에 따른 심사청구를 심리·결정하게 하기 위하여 공제회에 학교안전공제보상심사위원회(이하 "심사위원회"라 한다)를 둔다.

②심사위원회는 위원장 1인을 포함하여 9인 이상 15인 이내의 위원으로 구성한다.

③심사위원회의 위원장은 위원 중에서 교육감이 지명하는 사람이 되고, 위원은 다음 각 호의 어느 하나에 해당하는 사람 중에서 교육감이 임명 또는 위촉한다. 〈개정 2008. 2. 29., 2013. 3. 23., 2021. 3. 23.〉

1. 5급 이상의 국가공무원(고위공무원단에 속하는 공무원 및 장학관을 포함한다) 또는 지방공무원으로 재직하였거나 재직하고 있는 사람

2. 변호사의 자격이 있는 사람

3. 전문의의 자격이 있는 사람

4. 손해사정사 등 보험 업무 분야에서 5년 이상 실무에 종사한 경력이 있는 사람

5. 고등학교 이하의 각급 학교에 재직하고 있는 사람으로서 10년 이상의 교육경력이 있는 사람

6. 대학에서 조교수 이상의 직에 재직하였거나 재직하고 있는 사람

7. 학부모 대표

8. 그 밖에 제1호부터 제5호까지에 준하는 자격이 있는 사람으로서 교육부령으로 정하는 사람

④심사위원회 위원의 임기는 2년으로 하되, 연임할 수 있다.

⑤심사위원회의 운영 등에 관하여 필요한 사항은 대통령령으로 정한다.

제59조(심사청구에 대한 심리 · 결정) ①심사위원회는 제57조의 규정에 따라 심사청구를 받은 날부터 60일 이내에 심사청구에 대한 결정을 하여야 한다. 다만, 부득이한 사유로 인하여 그 기간 내에 결정을 할 수 없는 때에는 한 차례만 1개월을 넘지 아니하는 범위 안에서 그 기간을 연장할 수 있다. 〈개정 2021. 3. 23.〉

②심사위원회는 심사청구의 심리를 위하여 필요하다고 인정하는 경우에는 심사청구인의 신청 또는 직권에 따라 다음 각 호의 행위를 할 수 있다. 〈개정 2021. 3. 23.〉

1. 심사청구인 또는 관계인을 지정장소에 출석하게 하여 질문하거나 의견을 진술하게 하는 것

2. 심사청구인 또는 관계인에게 증거가 될 수 있는 문서 또는 그

밖의 물건을 제출하게 하는 것

3. 전문적인 지식이나 경험을 가진 사람으로 하여금 감정 또는 진단을 하게 하는 것

제60조(결정의 효력) 심사위원회가 결정을 행한 경우에 심사청구인이 제61조제2항의 규정에 따른 기간 내에 재심사청구 또는 공제급여와 관련된 소송을 제기하지 아니하거나 제기된 재심사청구 또는 소송을 취하한 때에는 공제회와 심사청구인 간에 해당 결정의 내용과 동일한 합의가 성립된 것으로 본다. 〈개정 2018. 12. 18.〉

제61조(재심사청구의 제기) ①제59조제1항의 규정에 따른 심사청구에 대한 결정에 불복하는 자는 제62조의 규정에 따른 학교안전공제보상재심사위원회에 재심사청구를 할 수 있다. 〈개정 2021. 3. 23.〉

②제1항의 규정에 따른 재심사청구는 심사청구에 대한 결정서 정본이 심사청구인에게 송달된 날부터 90일 이내에 제기하여야 한다. 이 경우 천재·지변·전쟁·사변 그 밖에 불가항력 등 재심사 청구인의 책임 없는 사유로 재심사를 청구할 수 없는 기간은 재심사청구기간에서 제외한다. 〈개정 2021. 3. 23.〉

제62조(학교안전공제보상재심사위원회) ①제61조의 규정에 따른 재심사청구를 심리·재결하기 위하여 공제중앙회에 학교안전공제보상재심사위원회(이하 "재심위원회"라 한다)를 둔다.

②재심위원회는 위원장 1인을 포함하여 9인 이상 15인 이내의 위원으로 구성한다.

③재심위원회의 위원장은 위원 중에서 교육부장관이 지명하는 사

람이 되고, 재심위원회 위원은 다음 각 호의 어느 하나에 해당하는 사람 중에서 교육부장관이 임명 또는 위촉한다. 〈개정 2008. 2. 29., 2013. 3. 23., 2021. 3. 23.〉

1. 3급 이상의 국가공무원(고위공무원단에 속하는 공무원 및 장학관을 포함한다) 또는 지방공무원으로 재직하였거나 재직하고 있는 사람

2. 변호사의 자격이 있는 사람

3. 전문의의 자격이 있는 사람

4. 손해사정사 등 보험 업무 분야에서 10년 이상 실무에 종사한 경력이 있는 사람

5. 고등학교 이하의 각급 학교에 재직하고 있는 사람로서 15년 이상의 교육경력이 있는 사람

6. 대학에서 부교수 이상의 직에 재직하였거나 재직하고 있는 사람

7. 학부모 대표

8. 그 밖에 제1호부터 제5호까지에 준하는 자격이 있는 사람으로서 교육부령으로 정하는 사람

④위원의 임기는 2년으로 하되, 연임할 수 있다.

⑤재심위원회의 운영 등에 관하여 필요한 사항은 대통령령으로 정한다.

제63조(재심사청구에 대한 심리 · 재결) 제59조의 규정은 재심사청구에 대한 심리 · 재결에 관하여 이를 준용한다. 이 경우 "심사위원회"는 각각 "재심위원회"로, "심사청구"는 각각 "재심사청구"로, "심사

청구인”은 각각 “재심사청구인”으로, “결정”은 “재결”로 본다.

제64조(재결의 효력) 제63조에 따른 재심사청구에 대한 재결에 불복하는 자가 재심위원회의 재결서 정본을 송달받은 날부터 60일 이내에 공제급여와 관련된 소송을 제기하지 아니하거나 제기한 소송을 취하한 경우에는 공제회와 재심사청구인 간에 해당 재결 내용과 동일한 합의가 성립된 것으로 본다. 〈개정 2016. 5. 29., 2018. 12. 18., 2021. 3. 23.〉

[2016. 5. 29. 법률 제14161호에 의하여 2015. 7. 30. 헌법재판소에서 위헌 결정된 이 조를 개정함.]

제10장 보칙

제65조(시효) ①공제료의 징수 및 수급권자의 공제급여를 받을 권리는 3년간 행사하지 아니하면 소멸시효가 완성된다.

②제1항의 규정에 따른 소멸시효에 관하여는 이 법에서 정한 사항 외에는 「민법」의 규정에 따른다. 〈개정 2021. 3. 23.〉

제66조(서류의 송달) 「국세기본법」 제8조부터 제12조까지의 규정은 공제료 그 밖에 이 법에 따른 징수금에 관한 서류의 송달에 관하여 이를 준용한다. 〈개정 2021. 3. 23.〉

제67조(자료의 제공 요청) ①공제회는 학교장 및 요양기관 등에 대하여 학교안전공제 사업을 운영하기 위하여 필요한 자료의 제공을 요청할 수 있다.

②제1항의 규정에 따라 자료의 제공을 요청받은 학교장 및 요양기관 등은 성실히 그 요청을 따라야 한다. 〈개정 2021. 3. 23.〉

第68조(진찰요구) 공제회는 공제급여의 결정 등에 관하여 필요하다고 인정하는 때에는 피공제자에 대하여 공제회가 정하는 의료기관에서 진찰을 받도록 할 수 있다.

第69조(비밀의 유지) 다음 각 호에 규정된 직에 종사하는 사람 및 그 직에 종사하였던 사람은 그 업무상 알게된 비밀을 누설하여서는 아니된다. 〈개정 2021. 3. 23.〉

1. 공제회·공제중앙회의 임원 및 직원
2. 심사위원회 및 재심사위원회의 위원

제11장 벌칙

第70조(벌칙 적용에서의 공무원 의제) 공제회 및 공제중앙회의 임원·직원과 심사위원회와 재심위원회의 위원은 「형법」 제129조부터 제132조까지의 규정을 적용할 때에는 공무원으로 본다. 〈개정 2021. 3. 23.〉

第71조(벌칙) ①제69조의 규정을 위반한 자는 1년 이하의 징역 또는 1천만원 이하의 벌금에 처한다. 〈개정 2016. 2. 3.〉

② 거짓이나 그 밖의 부정한 방법으로 제41조에 따라 공제급여를 받은 자는 2년 이하의 징역 또는 2천만원 이하의 벌금에 처한다. 〈신설 2016. 2. 3.〉

第72조(과태료) ① 제26조(제33조에 따라 준용되는 경우를 포함한다)를 위반하여 학교안전공제회·학교안전공제중앙회 또는 이와 유사한 명칭을 사용한 자에게는 500만원 이하의 과태료를 부과한다.

② 다음 각 호의 어느 하나에 해당하는 자에게는 50만원 이하의

과태료를 부과한다.

1. 제42조제4항을 위반하여 조사를 방해하거나 자료의 제출을 거부한 자

2. 제44조제2항에 따른 통지를 하지 아니하거나 거짓으로 통지를 한 자

3. 제67조제1항에 따른 자료의 제공 요청을 정당한 사유 없이 거부하거나 제공하지 아니한 자

③ 제1항과 제2항에 따른 과태료는 대통령령으로 정하는 바에 따라 교육감이 부과·징수한다.

[전문개정 2018. 12. 18.]

제73조 삭제 〈2018. 12. 18.〉

부칙 〈제8267호, 2007. 1. 26.〉

제1조 (시행일) 이 법은 2007년 9월 1일부터 시행한다.

제2조 (공제회의 설립준비) ①교육감은 이 법 시행 전에 5인 이내의 설립위원을 위촉하여 공제회의 설립에 관한 사무를 처리하게 하여야 한다.

②설립위원은 이 법 시행 전까지 공제회의 정관을 작성하여 교육감의 인가를 받아야 한다.

③설립위원은 제2항의 규정에 따라 정관의 인가를 받은 때에는 지체 없이 연명으로 설립등기한 후 공제회의 이사장에게 사무를 인계하여야 한다.

④공제회의 설립 당시 이사는 제20조제2항의 규정에 불구하고 학교장, 학부모 대표 및 같은 항 각 호의 어느 하나에 해당하는 자 중

에서 교육감이 임명한다.

⑤설립위원은 제3항의 규정에 따라 공제회의 이사장에게 사무를 인계한 때에 해촉된 것으로 본다.

제3조 (학교안전공제 가입자에 관한 경과조치) 이 법 시행당시 「민법」의 규정에 따라 설립되어 교육감이 각 관할 구역별로 운영하고 있는 사단법인 학교안전공제회(이하 “사단법인 학교안전공제회”라 한다)의 회원으로 가입한 학교장등은 이 법에 따른 학교안전공제에 가입한 것으로 본다.

제4조 (사단법인 학교안전공제회에 대한 경과조치) ①사단법인 학교안전공제회는 이 법 시행 전에 이사회의 의결을 거쳐 해산한다. 다만, 해산의 효력은 공제회의 설립과 동시에 발생한다.

②제1항의 규정에 따라 해산된 사단법인 학교안전공제회의 모든 권리·의무는 공제회가 포괄 승계한다.

③제1항의 규정에 따라 해산된 사단법인 학교안전공제회의 직원은 이 법에 따른 공제회의 직원으로 본다.

④제1항의 규정에 따라 해산되는 사단법인 학교안전공제회에 대하여는 「민법」 제77조·제78조·제80조·제82조·제85조 및 제86조의 규정을 적용하지 아니한다.

제5조 (공제료의 산정에 관한 특례) 제49조제3항의 규정에 불구하고 교육인적자원부장관은 이 법 시행 후 4년간 공제료 산정기준을 정함에 있어서 사단법인 학교안전공제회의 공제급여 지급 실적 및 운영경비 등을 반영할 수 있다.

부칙 〈제8366호, 2007. 4. 11.〉 (의료법)

제1조 (시행일) 이 법은 공포한 날부터 시행한다. 다만, … 〈생략〉 … 부칙 제20조제17항의 개정규정은 2007년 9월 1일부터 시행한다.

제2조 내지 제19조 생략

제20조 (다른 법률의 개정) ①내지 ⑯생략

⑰법률 제8267호 학교안전사고 예방 및 보상에 관한 법률 일부를 다음과 같이 개정한다.

제20조제2항제3호 중 "제55조"를 "제77조"로 한다.

제21조 생략

부칙 〈제8566호, 2007. 7. 27.〉 (특수임무수행자 지원 및 단체설립에 관한 법률)

제1조 (시행일) 이 법은 공포 후 6개월이 경과한 날부터 시행한다. 〈단서 생략〉

제2조 생략

제3조 (다른 법률의 개정) ①부터 ⑦까지 생략

⑧ 학교안전사고 예방 및 보상에 관한 법률 일부를 다음과 같이 개정한다.

제51조제1항제2호중 "「특수임무수행자 지원에 관한 법률」"을 "「특수임무수행자 지원 및 단체설립에 관한 법률」"로 한다.

⑨ 생략

부칙 〈제8852호, 2008. 2. 29.〉 (정부조직법)

제1조 (시행일) 이 법은 공포한 날부터 시행한다. 다만, ···〈생략〉···, 부칙 제6조에 따라 개정되는 법률 중 이 법의 시행 전에 공포되었으나 시행일이 도래하지 아니한 법률을 개정한 부분은 각각 해당 법률의 시행일부터 시행한다.

제2조 부터 제5조까지 생략

제6조 (다른 법률의 개정) ① 부터 〈106〉 까지 생략

〈107〉 학교안전사고 예방 및 보상에 관한 법률 일부를 다음과 같이 개정한다.

제4조제1항 중 "교육인적자원부"를 "교육과학기술부"로 하고, 같은 조 제2항제4호 중 "교육인적자원부장관"을 "교육과학기술부장관"으로 하며, 같은 조 제4항 각 호 외의 부분 중 "교육인적자원부차관"을 "교육과학기술부차관"으로, "교육인적자원부장관"을 "교육과학기술부장관"으로 하고, 같은 항 제3호 중 "교육인적자원부"를 "교육과학기술부"로 한다.

제5조제1항·제2항, 제7조제1항, 제28조, 제31조제1항·제2항, 제33조 후단, 제55조 중 "교육인적자원부장관"을 각각 "교육과학기술부장관"으로 한다.

제6조제1항 전단 중 "교육인적자원부"를 "교육과학기술부"로 한다.

제8조제1항 중 "교육인적자원부령"을 "교육과학기술부령"으로 하고, 같은 조 제3항 중 "교육인적자원부장관"을 "교육과학기술부장관"으로 한다.

제41조제1항, 제43조제2항, 제48조제2항, 제50조제1항·제3항,

제58조제3항제8호 중 "교육인적자원부령"을 각각 "교육과학기술부령"으로 한다.

제49조제3항 중 "교육인적자원부장관"을 "교육과학기술부장관"으로 하고, 같은 조 제5항 중 "교육인적자원부령"을 "교육과학기술부령"으로 한다.

제62조제3항 각 호 외의 부분 중 "교육인적자원부장관"을 각각 "교육과학기술부장관"으로 하고, 같은 항 제8호 중 "교육인적자원부령"을 "교육과학기술부령"으로 한다.

〈108〉 부터 〈760〉 까지 생략

제7조 생략

부칙 〈제10090호, 2010. 3. 17.〉

이 법은 2010년 6월 1일부터 시행한다.

부칙 〈제10641호, 2011. 5. 19.〉

이 법은 공포 후 3개월이 경과한 날부터 시행한다.

부칙 〈제11029호, 2011. 8. 4.〉 (특수임무유공자 예우 및 단체설립에 관한 법률)

제1조(시행일) 이 법은 공포한 날부터 시행한다.

제2조 생략

제3조(다른 법률의 개정) ①부터 ⑧까지 생략

⑨ 학교안전사고 예방 및 보상에 관한 법률 일부를 다음과 같이

개정한다.

제51조제1항제2호 중 “「특수임무수행자 지원 및 단체설립에 관한 법률」”을 “「특수임무유공자 예우 및 단체설립에 관한 법률」”로 한다.

⑩ 생략

부칙 〈제11042호, 2011. 9. 15.〉 (보훈보상대상자 지원에 관한 법률)

제1조(시행일) 이 법은 2012년 7월 1일부터 시행한다.

제2조(다른 법률의 개정) ①부터 ㉔까지 생략

㉕ 학교안전사고 예방 및 보상에 관한 법률 일부를 다음과 같이 개정한다.

제51조제1항제2호 중 “「국가유공자 등 예우 및 지원에 관한 법률」 제22조제1항의 규정에 따른 교육보호대상자”를 “「국가유공자 등 예우 및 지원에 관한 법률」 제22조제1항에 따른 교육지원 대상자, 「보훈보상대상자 지원에 관한 법률」 제25조제1항에 따른 교육지원 대상자”로 한다.

㉖ 및 ㉗ 생략

부칙 〈제11141호, 2011. 12. 31.〉 (국민건강보험법)

제1조(시행일) 이 법은 2012년 9월 1일부터 시행한다. 〈단서 생략〉

제2조 부터 제20조까지 생략

제21조(다른 법률의 개정) ①부터 ㉗까지 생략

㉘ 학교안전사고 예방 및 보상에 관한 법률 일부를 다음과 같이

개정한다.

제36조제2항 중 "「국민건강보험법」 제41조의 규정"을 "「국민건강보험법」 제44조"로 한다.

제42조제2항 중 "「국민건강보험법」 제40조"를 "「국민건강보험법」 제42조"로 한다.

제22조 생략

부칙 〈제11221호, 2012. 1. 26.〉

이 법은 공포한 날부터 시행한다. 다만, 제5조제1항의 개정규정은 2012년 7월 1일부터 시행한다.

부칙 〈제11387호, 2012. 3. 21.〉

제1조(시행일) 이 법은 2012년 4월 1일부터 시행한다.

제2조(「국민건강보험법」 제58조에 관한 경과조치) 제36조제2항 단서 중 "「국민건강보험법」 제58조"는 2012년 8월 31일까지는 "「국민건강보험법」 제53조"로 본다.

부칙 〈제11690호, 2013. 3. 23.〉 (정부조직법)

제1조(시행일) ① 이 법은 공포한 날부터 시행한다.

② 생략

제2조 부터 제5조까지 생략

제6조(다른 법률의 개정) ①부터 〈75〉까지 생략

〈76〉 학교안전사고 예방 및 보상에 관한 법률 일부를 다음과 같이 개정한다.

제5조제1항·제2항, 제7조제1항, 제8조제3항, 제10조의2제1항·제2항, 제11조제1항 단서, 제28조, 제31조제1항·제2항, 제33조 후단, 제49조제3항, 제55조 및 제62조제3항 각 호 외의 부분 중 "교육과학기술부장관"을 각각 "교육부장관"으로 한다.

제6조제1항 전단 중 "교육과학기술부"를 "교육부"로 한다.

제8조제1항, 제41조제1항, 제43조제2항, 제48조제2항, 제49조제5항, 제50조제1항·제3항, 제53조제2항, 제58조제3항제8호 및 제62조제3항제8호 중 "교육과학기술부령"을 각각 "교육부령"으로 한다.

〈77〉부터 〈710〉까지 생략

제7조 생략

부칙 〈제12573호, 2014. 5. 14.〉

이 법은 공포 후 6개월이 경과한 날부터 시행한다.

부칙 〈제13005호, 2015. 1. 20.〉

이 법은 공포 후 6개월이 경과한 날부터 시행한다.

부칙 〈제13947호, 2016. 2. 3.〉

이 법은 공포한 날부터 시행한다. 다만, 제8조제1항의 개정규정은 공포 후 6개월이 경과한 날부터 시행한다.

부칙 〈제14161호, 2016. 5. 29.〉

이 법은 공포한 날부터 시행한다.

부칙 〈제15966호, 2018. 12. 18.〉

이 법은 공포한 날부터 시행한다. 다만, 제72조의 개정규정은 공포 후 6개월이 경과한 날부터 시행한다.

부칙 〈제16340호, 2019. 4. 23.〉

이 법은 공포한 날부터 시행한다.

부칙 〈제16678호, 2019. 12. 3.〉 (교육시설 등의 안전 및 유지관리 등에 관한 법률)

제1조(시행일) 이 법은 공포 후 1년이 경과한 날부터 시행한다.

제2조 부터 제8조까지 생략

제9조(다른 법률의 개정) 학교안전사고 예방 및 보상에 관한 법률 일부를 다음과 같이 개정한다.

제4조제2항제4호를 삭제한다.

제6조 및 제7조를 각각 삭제한다.

제10조제1항 및 제2항을 각각 삭제한다.

부칙 〈제17883호, 2021. 1. 5.〉 (5·18민주유공자예우 및 단체설립에 관한 법률)

제1조(시행일) 이 법은 공포 후 3개월이 경과한 날부터 시행한다.

제2조 부터 제7조까지 생략

제8조(다른 법률의 개정) ①부터 ⑰까지 생략

⑱ 학교안전사고 예방 및 보상에 관한 법률 일부를 다음과 같이 개정한다.

제51조제1항제2호 중 "「5 · 18민주유공자 예우에 관한 법률」"을 "「5 · 18민주유공자예우 및 단체설립에 관한 법률」"로 한다.

⑲ 생략

제9조 생략

부칙 〈제17954호, 2021. 3. 23.〉 (법률용어 정비를 위한 교육위원회 소관 34개 법률 일부개정을 위한 법률)

이 법은 공포한 날부터 시행한다. 〈단서 생략〉

부칙 〈제18463호, 2021. 9. 24.〉

제1조(시행일) 이 법은 공포 후 6개월이 경과한 날부터 시행한다.

제2조(간병료 및 부대경비 지급에 관한 특례) 제36조제4항제3호 및 같은 조 제5항의 개정규정은 이 법의 공포일부터 시행일까지의 간병에 따른 간병료 및 부대경비에 대하여도 적용한다.

부칙 〈제20567호, 2024. 12. 20.〉

이 법은 공포 후 6개월이 경과한 날부터 시행한다.

부칙 〈제20669호, 2025. 1. 21.〉

이 법은 공포 후 6개월이 경과한 날부터 시행한다.

학교안전사고 예방 및 보상에 관한 법률 시행령

(약칭 : 학교안전법 시행령)

[시행 2025. 7. 22.] [대통령령 제35658호, 2025. 7. 21., 일부개정]

**개정 예정 법률 밑줄 별도 표시.

학교안전사고 예방 및 보상에 관한 법률 시행령

(약칭 : 학교안전법 시행령)

[시행 2025. 7. 22.] [대통령령 제35658호, 2025. 7. 21., 일부개정]

제1조(목적) 이 영은 「학교안전사고 예방 및 보상에 관한 법률」에서 위임된 사항과 그 시행에 필요한 사항을 규정함을 목적으로 한다.

제2조(교육활동과 관련된 시간) 「학교안전사고 예방 및 보상에 관한 법률」(이하 "법"이라 한다) 제2조제4호다목에서 "대통령령이 정하는 시간"이란 다음 각 호의 어느 하나에 해당하는 시간을 말한다. 〈개정 2012. 3. 30.〉

1. 통상적인 경로 및 방법에 의한 등·하교 시간
2. 휴식시간 및 교육활동 전후의 통상적인 학교체류시간
3. 학교의 장(이하 "학교장"이라 한다)의 지시에 의하여 학교에 있는 시간
4. 학교장이 인정하는 직업체험, 직장견학 및 현장실습 등의 시간
5. 기숙사에서 생활하는 시간
6. 학교 외의 장소에서 교육활동이 실시될 경우 집합 및 해산 장소와 집 또는 기숙사 간의 합리적 경로와 방법에 의한 왕복 시간

제3조(학교장의 관리 · 감독하의 질병) 법 제2조제6호에서 "대통령령이 정하는 것"이란 다음 각 호의 어느 하나에 해당하는 질병을 말한다.

1. 학교급식이나 가스 등에 의한 중독
2. 일사병(日射病)
3. 이물질의 섭취 등에 의한 질병
4. 이물질과의 접촉에 의한 피부염
5. 외부 충격 및 부상이 직접적인 원인이 되어 발생한 질병

제4조(학교안전사고 예방 기본계획의 수립) ① 교육부장관은 법 제4조제1항에 따른 학교안전사고 예방에 관한 기본계획(이하 "기본계획"이라 한다)을 법 제4조의2에 따른 학교안전사고예방위원회의 심의를 거쳐 기본계획 개시연도의 전년도 10월 31일까지 확정하여야 한다.

② 교육부장관은 제1항에 따라 수립 · 확정된 기본계획을 관계 중앙행정기관의 장과 교육감에게 통보하여야 한다.

[본조신설 2015. 7. 20.]

제5조(학교안전사고 예방 지역계획의 수립) ① 교육감은 법 제4조제5항에 따른 학교안전사고 예방에 관한 지역계획(이하 "지역계획"이라 한다)을 시행 전년도 12월 31일까지 수립하여야 한다.

② 지역계획에는 다음 각 호의 사항이 포함되어야 한다.

1. 기본계획에 대한 세부 집행계획
2. 법 제4조제7항에 따른 학교계획 및 그 추진실적의 평가 결과에 대한 조치계획
3. 그 밖에 학교안전사고 예방과 관련하여 교육감이 필요하다고 인정하는 사항

[본조신설 2015. 7. 20.]

제6조(학교안전사고 예방 학교계획의 수립) ① 학교장은 법 제4조제6항에 따라 학교안전사고 예방에 관한 학교계획(이하 "학교계획"이라 한다)을 「초·중등교육법」 제31조에 따른 학교운영위원회(유치원의 경우에는 「유아교육법」 제19조의3에 따른 유치원운영위원회를 말한다)의 심의를 거쳐 시행연도 2월 말일까지 수립하여야 한다.

② 학교계획에는 다음 각 호의 사항이 포함되어야 한다.

1. 기본계획 및 지역계획에 대한 세부 집행계획

2. 법 제4조제7항에 따른 학교계획 및 그 추진실적의 평가 결과에 대한 조치계획

3. 그 밖에 학교안전사고 예방과 관련하여 학교장이 필요하다고 인정하는 사항

[본조신설 2015. 7. 20.]

제7조(학교계획 및 추진실적의 평가) ① 법 제4조제7항에 따라 교육감이 학교계획 및 그 추진실적을 평가할 수 있도록 학교장은 해당 연도의 학교계획 및 지난해의 학교계획에 대한 추진실적을 매년 3월 31일까지 교육감에게 제출하여야 한다.

② 교육감은 다음 각 호의 기준에 따라 학교계획 및 그 추진실적을 평가한 후 그 결과를 매년 6월 30일까지 교육부장관에게 제출하여야 한다.

1. 학교계획: 기본계획 및 지역계획에서 정한 내용의 반영 여부

2. 추진실적: 지난해의 학교계획에 따른 업무별 추진 실적

3. 그 밖에 교육감이 평가에 필요하다고 인정하는 사항

[본조신설 2015. 7. 20.]

제7조의2(학교안전사고예방위원회의 구성) 법 제4조의2제3항제4호에서 "대통령령으로 정하는 관계 중앙행정기관 소속 공무원"이란 다음 각 호의 기관의 고위공무원단에 속하는 공무원 중 소속 기관의 장이 추천하는 사람을 말한다. 〈개정 2017. 7. 26.〉

1. 교육부

1의2. 행정안전부

2. 보건복지부

3. 고용노동부

4. 국토교통부

5. 해양수산부

6. 삭제 〈2017. 7. 26.〉

7. 경찰청

8. 그 밖에 교육부장관이 필요하다고 인정하는 중앙행정기관

[본조신설 2015. 7. 20.]

제7조의3(학교안전사고예방위원회의 운영 등) ① 법 제4조의2제1항에 따른 학교안전사고예방위원회(이하 "예방위원회"라 한다)의 위원장(이하 이 조 및 제7조의4에서 "위원장"이라 한다)은 예방위원회를 대표하고, 예방위원회의 회의를 주재하며, 소관 사무를 총괄한다.

② 위원장이 부득이한 사유로 직무를 수행할 수 없을 때에는 위원장이 미리 지명한 위원이 그 직무를 대행한다.

③ 위촉위원의 임기는 2년으로 한다.

④ 예방위원회의 회의는 교육부장관 또는 위원장이 필요하다고 인정

하거나 재적위원 3분의 1 이상이 요청하는 경우 위원장이 소집한다.

⑤ 예방위원회의 회의는 재적위원 과반수의 출석으로 개의(開議)하고, 출석위원 과반수의 찬성으로 의결한다.

⑥ 위원장은 회의 안건과 관련하여 필요하다고 인정하는 경우에는 관계 공무원과 민간전문가 등을 회의에 참석하여 발언하게 하거나 관계 기관의 장에게 자료의 제출을 요청할 수 있다. 이 경우 요청을 받은 관계 공무원과 관계 기관의 장은 특별한 사유가 없으면 이에 따라야 한다.

⑦ 제1항부터 제6항까지에서 규정한 사항 외에 예방위원회의 운영에 필요한 사항은 예방위원회의 의결을 거쳐 위원장이 정한다.

[본조신설 2015. 7. 20.]

제7조의4(분과위원회의 구성ㆍ운영) ① 법 제4조의2제4항에 따라 예방위원회에 두는 분과위원회(이하 “분과위원회”라 한다)는 다음 각 호와 같다.

1. 기본계획 총괄 분과위원회
2. 학교안전교육 분과위원회
3. 학교안전사고 예방사업 분과위원회
4. 그 밖에 위원장이 필요하다고 인정하는 분과위원회

② 분과위원회는 다음 각 호의 업무를 담당한다.

1. 법 제4조의2제1항에 따른 예방위원회 심의사항의 사전 검토
2. 위원장이 상정하는 사항에 대한 검토

③ 분과위원회의 위원장과 위원은 교육부장관이 위원장과 협의하여 예방위원회 위원 중에서 지명한다.

④ 제1항부터 제3항까지에서 규정한 사항 외에 분과위원회의 구성 및 운영에 필요한 사항은 예방위원회의 의결을 거쳐 위원장이 정한다.

[본조신설 2015. 7. 20.]

제7조의5(실태조사의 내용 및 방법) ① 교육부장관 및 교육감이 법 제4조의3제1항에 따라 실시하는 실태조사에는 다음 각 호의 사항이 포함되어야 한다.

1. 학교안전사고의 원인 및 사고유형별 현황

2. 학교안전사고 공제사업의 운영 현황

3. 학교 및 연수기관에서의 안전에 관한 교육과정의 운영 실태

4. 안전교육을 위한 각종 체험시설의 운영 및 확충 현황

5. 안전사고 예방 및 안전교육 지원을 위한 행정조직 및 재정 현황

6. 학생·교직원 및 교육활동참여자 등 안전교육 관련자에 대한 안전교육 만족도 및 요구 사항

7. 그 밖에 교육부장관 또는 교육감이 필요하다고 인정하는 사항

② 법 제4조의3제3항에 따라 실태조사를 위탁할 수 있는 외부 전문기관은 법 제15조제1항에 따른 학교안전공제회 또는 법 제28조에 따른 학교안전공제중앙회로 한다.

③ 실태조사의 구체적인 방법 및 세부 조사항목 등은 교육부장관이 정하여 고시한다.

[본조신설 2015. 7. 20.]

제8조(학교시설의 안전표지 등) 법 제5조제1항에 따라 특별시·광역

시·특별자치시·도·특별자치도(이하 "시·도"라 한다. 이하 같다)의 교육감(이하 "교육감"이라 한다), 학교장 및 「사립학교법」에 따른 사립학교를 설치·경영하는 자(이하 "학교장등"이라 한다)는 교내와 교외의 학교시설 및 장소에 안전표지물 등 안내문을 붙이고, 비상시의 대피 경로를 쉽게 알아볼 수 있는 장소에 안내문을 게시하여야 하며, 시설안전관리 대장을 작성하여 관리하여야 한다. 〈개정 2012. 3. 30.〉

제9조 삭제 〈2020. 12. 1.〉

제10조 삭제 〈2020. 12. 1.〉

제10조의2(학교장의 교육활동 안전대책의 점검·확인 등) ① 학교장은 매학기 시작 전까지 다음 각 호의 사항을 포함한 교육활동 안전대책을 마련하고, 이를 점검·확인하여야 한다. 다만, 교육활동을 관련 기관 또는 단체 등에 위탁하여 실시하는 경우에는 해당 교육활동을 실시하기 전까지 안전대책을 마련하고, 이를 점검·확인할 수 있다.

1. 학교시설 등에 대한 안전성에 관한 사항
2. 학교 밖 이용시설의 안전성에 관한 사항
3. 법 제8조의2제2항 각 호의 사항(교육활동을 관련 기관 또는 단체 등에 위탁하여 실시하는 경우에 한정한다)
4. 학생 및 교직원에 대한 안전교육 계획
5. 사고 발생 시 대처요령 등 대응체계 구축에 관한 사항
6. 그 밖에 교육부장관이 교육활동 안전대책 마련 등에 필요하다고 인정하여 정하는 사항

② 학교장은 제1항 본문에 따라 안전대책을 마련, 점검·확인한 경우에는 매학기가 시작되는 전날까지 「초·중등교육법」 제31조에 따른 학교운영위원회(유치원의 경우에는 「유아교육법」 제19조의3에 따른 유치원운영위원회를 말한다)에 이를 보고하여야 한다. 다만, 제1항 단서에 따라 안전대책을 마련, 점검·확인한 경우에는 해당 교육활동을 실시하는 전날까지 보고하여야 한다. 〈개정 2015. 7. 20.〉

[본조신설 2014. 11. 14.]

[종전 제10조의2는 제10조의3으로 이동 〈2014. 11. 14.〉]

제10조의3 삭제 〈2020. 12. 1.〉

제10조의4(상담 지원 등) ① 법 제10조의3제1항에 따라 상담 및 심리적 치료 등을 지원할 수 있는 가족의 범위는 학교안전사고로 피해를 입은 학생·교직원 및 교육활동참여자의 배우자·직계존비속·형제자매로 한다.

② 법 제10조의3제1항에 따른 상담 및 심리적 치료의 지원대상자(이하 "지원대상자"라 한다)를 정하기 위하여 법 제15조제1항에 따른 학교안전공제회 또는 법 제28조에 따른 학교안전공제중앙회에 관련 전문가 등으로 구성된 자문위원회를 둔다.

③ 교육부장관 및 교육감은 제2항에 따른 자문위원회의 심의를 거쳐 지원대상자를 확정하고, 지원대상자에게 제4항에 따라 지정된 상담 및 심리적 치료기관을 알려주어야 한다.

④ 교육부장관 및 교육감은 제2항에 따른 자문위원회의 심의를 거쳐 다음 각 호의 기관 중에서 상담 및 심리적 치료를 담당하는

기관을 지정한다.

1. 국가 또는 지방자치단체가 운영하는 상담 및 심리적 치료기관

2. 「의료법」 제3조에 따른 의료기관 중 정신건강의학과 전문의가 진료하는 의료기관

3. 제1호 및 제2호 외에 상담 및 심리적 치료를 실시하는 기관 중 교육부장관 또는 교육감이 학교안전사고에 대한 전문성이 있다고 인정하는 기관

⑤ 교육부장관 및 교육감은 지원대상자가 제4항에 따라 지정된 기관에서 상담 및 심리적 치료를 받는 데 드는 비용을 상담 또는 심리적 치료를 시작한 때부터 1년의 범위에서 부담한다. 다만, 교육부장관 및 교육감은 제2항에 따른 자문위원회의 의견을 들어 그 기간을 연장할 수 있다.

[본조신설 2015. 7. 20.]

[종전 제10조의4는 제10조의6으로 이동 〈2015. 7. 20.〉]

제10조의5(공제회의 수익사업 등) 법 제15조제1항에 따른 학교안전공제회(이하 "공제회"라 한다)는 법 제18조제2항에 따라 교육감의 승인을 받아 다음 각 호의 수익사업을 할 수 있다.

1. 학교시설에 대한 소방·전기 등의 안전점검 대행

2. 소독·청소 등의 환경개선 업무

3. 그 밖에 피공제자의 권익보호 및 복지향상을 위한 사업

[본조신설 2012. 3. 30.]

[제10조의3에서 이동 〈2015. 7. 20.〉]

제10조의6(공제중앙회의 수익사업 등) 법 제28조에 따른 학교안전

공제중앙회(이하 "공제중앙회"라 한다)는 법 제29조제2항에 따라 교육부장관의 승인을 받아 피공제자 등의 권익보호 및 복지향상을 위한 사업을 할 수 있다. 〈개정 2013. 3. 23.〉

[본조신설 2012. 3. 30.]

[제10조의4에서 이동 〈2015. 7. 20.〉]

제11조(임원추천심사위원회의 구성 등) ①법 제31조제1항에 따른 임원추천심사위원회(이하 "추천위원회"라 한다)는 위원장 1명을 포함하여 7명의 위원으로 구성하되, 다음 각 호의 기준에 따라 교육부장관이 위촉한다. 〈개정 2008. 2. 29., 2012. 3. 30., 2013. 3. 23.〉

1. 공제회를 대표하는 자 3명
2. 교직원을 대표하는 자 1명
3. 학부모를 대표하는 자 1명
4. 학교안전공제 업무에 관한 학식과 경험이 풍부한 자 2명

②추천위원회의 위원장은 위원 중에서 호선한다.

③위원의 임기는 3년으로 하되, 연임할 수 있다.

④추천위원회의 위원장은 회의를 소집하고 그 의장이 된다.

⑤추천위원회의 위원장이 부득이한 사유로 직무를 수행할 수 없을 때에는 위원장이 미리 지정한 위원이 그 직무를 대행한다.

⑥회의는 재적위원 과반수의 출석과 출석위원 과반수의 찬성으로 의결한다.

⑦이 영에 규정한 것 외에 추천위원회의 운영에 필요한 사항은 추천위원회의 의결을 거쳐 추천위원회의 위원장이 정한다.

제12조(학교안전공제중앙회의 임원 추천) 법 제31조제1항에 따라

추천위원회는 공제중앙회의 임원 중 이사장 및 감사 후보자를 각각 2명 이상을 추천하여야 한다. 〈개정 2012. 3. 30.〉

제13조(공제중앙회의 재정 충당) 법 제32조제2항에 따라 교육부장관은 공제중앙회의 재정에 충당할 공제회의 분담금을 전년도 4월 1일 현재 시·도의 피공제자인 학생 및 교직원 수에 비례하여 할당하며, 각 시·도 공제회는 매년 1월 10일까지 할당된 분담금을 공제중앙회에 납부하여야 한다. 〈개정 2008. 2. 29., 2013. 3. 23.〉

제14조(요양급여의 지급기준 등) ① 법 제34조제1호의 요양급여(이하 "요양급여"라 한다)의 항목별 지급기준 등은 다음 각 호와 같다. 〈개정 2010. 9. 27., 2012. 8. 31., 2013. 3. 23., 2015. 7. 20., 2020. 7. 14., 2021. 6. 29., 2021. 9. 29., 2022. 3. 22.〉

1. 입원료는 대중적인 일반병실의 입원료를 지급한다. 다만, 전신화상자, 세균감염을 예방하기 위하여 격리가 필요한 환자, 심한 정신질환자 등 의사의 소견에 따라 부득이 상급병실(입원실에 3명 이하가 입원할 수 있는 병실을 말한다)에 입원했을 때(병실 사정이나 환자 및 보호자의 요청에 따른 경우는 제외한다)에는 그 병실의 입원료를 지급한다.

2. 진찰, 검사, 처치, 수술(성형수술을 포함한다), 응급 및 재활치료, 호송 등은 치료에 소요되는 비용을 지급한다.

3. 치아 보철비는 도재전장관[도재전장관, 사기 재료로 이 빛깔이 나도록 만든 인공치아(人工齒牙)]에 드는 비용을 지급한다. 다만, 기존의 치아 보철물이 외상으로 손상되거나 파괴되어 사용할 수 없게 된 경우에는 원상회복에 드는 비용을 지급한다.

4. 약제비는 처방전에 의한 경우에만 지급한다.

5. 한방치료는 침과 뜸 등 「국민건강보험법」에서 인정하는 경우에 드는 비용만 지급한다.

6. 인공팔다리 · 틀니 · 안경 · 보청기 등 「장애인복지법」 제65조제1항에 따른 장애인보조기구의 처방 및 구입 비용은 「국민건강보험법」 제51조제3항에 따른 보조기기에 대한 보험급여 지급기준에 따라 지급한다.

7. 「국민건강보험법」 제51조제3항에 따른 보험급여 지급기준을 정하고 있지 않은 장애인보조기구의 처방 및 구입비용에 대해서는 실제 소요되는 비용을 지급할 수 있다.

② 제1항에서 규정한 사항 외에 요양급여의 범위 및 지급기준 등 요양급여의 지급에 필요한 사항은 교육부령으로 정한다. 〈신설 2022. 3. 22.〉

제15조(취업가능기간) 법 제34조제2호에 따른 장해급여(이하 "장해급여"라 한다)를 법 제37조제1항 및 「국가배상법」 제3조제2항제3호에 따라 산정하거나 법 제34조제4호에 따른 유족급여(이하 "유족급여"라 한다)를 법 제39조제1항 및 「국가배상법」 제3조제1항제1호에 따라 산정할 경우에 장래의 취업 가능기간은 다음 각 호의 사항을 종합적으로 고려한 기간으로 한다. 다만, 피공제자가 군 복무 가능성이 있는 경우에도 군 복무 기간을 취업가능기간에 전부 산입한다. 〈개정 2025. 7. 21.〉

1. 피공제자의 연령, 직업, 경력 및 건강상태 등 주관적 요소

2. 국민의 평균여명(平均餘命), 경제수준 및 고용조건 등 사회적 ·

경제적 여건 등

3. 삭제 〈2025. 7. 21.〉

제16조(신체장해의 등급 및 노동력상실률 등) ①제15조에 따라 장해급여를 산정할 경우에 신체장해의 등급과 노동력상실률은 별표 2와 같다. 이 경우 신체장해의 등급과 노동력상실률에 관한 세부기준은 교육부장관이 정하여 고시한다. 〈개정 2025. 7. 21.〉

② 별표 2에서 정하지 않은 장해가 있는 경우에는 같은 표 중 그 장해와 비슷한 장해에 해당하는 신체상해의 등급과 노동력상실률로 결정한다. 〈신설 2025. 7. 21.〉

③장해의 부위가 2개인 경우에는 별표 2에 따른 부위별 등급을 정한 후 별표 3에 따라 종합평가등급을 정한다. 〈개정 2025. 7. 21.〉

④장해의 부위가 3개 이상인 경우에는 먼저 최상급 부위 2개에 대하여 별표 3에 따른 종합평가등급을 정한 후 나머지 부위 중 최상급 부위 1개와 위 종합평가등급을 별표 3에 따라 다시 종합평가하여 등급을 정한다. 〈개정 2025. 7. 21.〉

⑤장해가 가장 큰 부위가 별표 2에 따른 장해등급 제14급에 해당하는 것이 3개 이상의 경우에는 제13급으로 한다. 〈개정 2025. 7. 21.〉

제17조(간병급여의 지급기준 등) ①법 제34조제3호에 따른 간병급여(이하 "간병급여"라 한다)의 지급대상 및 지급기준은 별표 4와 같다.

②간병급여의 지급은 간병이 실제로 행하여진 날에 대하여 월단위로 지급한다.

제18조(평균임금의 기준) ①장해급여, 유족급여 및 법 제34조제5호에 따른 장례비를 산정할 때의 평균임금은 매년 6회 이상 주기적으

로 임금통계를 공표하는 임금조사기관이 조사한 남자 또는 여자 보통 인부의 전국 규모 통계에 의한 일용노동임금에 따른다. 다만, 전국규모 통계가 없을 때에는 서울특별시 지역통계에 의한 일용노동임금에 따른다. 〈개정 2021. 9. 29.〉

②제1항의 임금은 먼저 공신력 있는 건설임금단가 통계에 따르고, 공신력 있는 건설임금단가 통계가 없을 때에는 정부임금단가통계에 따르며, 정부임금단가통계도 없을 때에는 공신력 있는 방법에 의하여 조사한 남자 또는 여자 보통 인부의 일용노동임금에 따른다. 〈개정 2021. 1. 5.〉

제18조의2(간병료의 지급기준 등) ① 법 제36조제4항제3호에 따른 간병료(이하 "간병료"라 한다)는 피공제자가 다음 각 호의 기준을 모두 충족하는 경우에 지급한다.

1. 의료기관에 입원하여 요양(중환자실이나 회복실에서 요양 중인 경우는 제외한다) 중에 간병을 받은 경우일 것

2. 부상 또는 질병 상태가 교육부령으로 정하는 기준에 따라 의학적으로 다른 사람의 간병이 필요하다고 인정되는 경우일 것

② 간병료는 피공제자가 실제로 간병받은 날을 기준으로 월 단위로 계산한다.

③ 간병료의 구체적인 지급기준은 간병이 필요한 정도 등을 고려하여 교육부령으로 정한다.

④ 법 제36조제5항에 따른 "간병에 소요되는 부대경비"는 피공제자의 친권자ㆍ후견인이나 그 밖에 피공제자를 부양할 법률상 의무가 있는 사람이 실제로 간병한 날을 기준으로 월 단위로 계산하며, 그

지급기준은 1일당 2만원으로 한다.

[본조신설 2022. 3. 22.]

제19조(위자료의 기준) 법 제37조제1항 또는 법 제39조제1항에 따른 신체장해 및 사망에 대한 위자료의 기준은 별표 5 및 별표 6과 같다.

제19조의2 삭제 〈2022. 3. 22.〉

제20조(손익상계) ①유족급여를 산정할 때에는 월급액이나 월수입액 또는 평균임금에서 별표 7에 따른 생활비를 빼야 한다.

②유족급여와 장해급여를 일시에 지급할 때에는 중간 이자를 빼야 한다.

③제2항에 따른 중간 이자 공제방식은 법정이율에 따른 호프만방식에 따른다.

제20조의2(위로금의 지급) 공제회는 피공제자인 학생이 교육활동 중에 학교안전사고 이외의 원인을 알 수 없는 사유로 사망한 경우에 법 제40조의2제1항에 따라 4천만원의 위로금을 지급한다.

[본조신설 2012. 3. 30.]

제20조의3(학교안전공제 사업의 안내 방법 및 내용) 법 제41조의2제1항에 따른 학교안전공제 사업에 대한 안내는 다음 각 호에 따른다.

1. 안내 방법: 다음 각 목의 어느 하나에 해당하는 방법

가. 서면 교부

나. 우편 또는 전자우편

다. 전화 또는 팩스

라. 휴대전화 문자메시지 또는 이에 준하는 전자적 의사표시

2. 안내 내용: 다음 각 목의 사항을 모두 포함한 학교안전공제 사업

가. 공제급여의 청구 방법

나. 공제급여의 처리 절차

다. 공제급여의 지급 방법

라. 그 밖에 학교안전공제 사업과 관련한 중요 사항

[본조신설 2025. 7. 21.]

[종전 제20조의3은 제20조의4로 이동 〈2025. 7. 21.〉]

제20조의4(공제급여의 지급제한 등) ① 공제회는 법 제43조제2항에 따라 공제급여에서 제외되는 치료 비용을 산정하는 경우에는 「의료법」에 따른 의료인의 진단·소견이나 법원 등의 부검결과를 고려해야 한다.

② 공제회가 법 제43조제3항에 따라 장해급여, 간병급여 및 유족급여를 산정할 때 피공제자의 과실을 상계하는 경우 상계할 수 있는 금액은 각 급여의 산정액의 100분의 50을 한도로 한다.

③ 제2항에도 불구하고 학교안전사고가 발생한 당시 피공제자가 다음 각 호의 어느 하나에 해당하는 경우에는 피공제자에게 과실이 있더라도 공제급여와 상계하지 않는다.

1. 피공제자가 「유아교육법」에 따른 유치원의 학생인 경우

2. 피공제자가 「초·중등교육법」에 따른 초등학교(초등교육을 실시하는 특수학교 및 각종학교를 포함한다)의 학생으로서 미성년자인 경우

3. 피공제자의 심신상실 또는 심신미약 등의 이유로 학교안전사고가 발생한 경우

[본조신설 2022. 3. 22.]

[제20조의3에서 이동 <2025. 7. 21.>]

제21조(비용의 보전) 법 제48조제1항에서 “대통령령이 정하는 자”란 다음 각 호의 자를 말한다.

1. 법 제2조제5호에 따른 교육활동참여자

2. 법 제9조에 따른 명예학교안전요원으로 위촉된 자

3. 「사립학교법」에 따라 사립학교를 설치·경영하는 자

제22조(공제료) 법 제49조제1항 후단에 따라 공제가입자가 공제료를 징수하려는 경우에는 피공제자인 학생 및 교직원에게 통보하여야 한다.

제22조의2(공제료 산정기준 등) ① 교육부장관이 법 제49조제3항에 따라 고시하는 공제료 산정기준에는 다음 각 호의 사항을 포함해야 한다.

1. 학교의 종류에 따른 피공제자 1명당 기준 공제료

2. 공제료 산출 방식

3. 그 밖에 적정한 수준의 공제료 산정을 위하여 교육부장관이 필요하다고 인정하는 사항

② 공제회는 각 시·도별 학생 수, 손해율 등을 고려하여 교육부장관이 고시하는 비율의 범위에서 공제료를 가산 또는 감액 조정할 수 있다.

[본조신설 2025. 7. 21.]

[종전 제22조의2는 제22조의3으로 이동 <2025. 7. 21.>]

제22조의3(공제료 납부의무 위반에 대한 조치) ① 공제회는 공제가

입자가 법 제50조제2항제2호에 따른 납부기한까지 공제료를 납부하지 아니한 경우 그 사실을 납부기한이 지난 날부터 30일 이내에 교육부장관 또는 교육감에게 통지하여야 한다.

② 교육부장관 또는 교육감은 제1항에 따라 통지받은 공제가입자에 대하여 법 제49조제6항에 따른 공제료 납부명령을 하여야 한다.

③ 제2항에 따른 납부명령은 납부기한 · 납부방법 · 납부절차 등을 구체적으로 적은 서면으로 하되, 납부기한은 고지한 날부터 30일 이내로 정한다.

[본조신설 2015. 7. 20.]

[제22조의2에서 이동 〈2025. 7. 21.〉]

제23조(기금의 용도) 법 제53조제1항제6호에서 "대통령령이 정하는 사업"이란 학교안전사고 예방사업 등에 관하여 공헌한 자에 대한 포상 등의 사업을 말한다. 〈개정 2012. 3. 30.〉

제24조(기금의 관리 · 운용) 법 제54조제2항제4호에서 "대통령령이 정하는 사업"이란 「증권거래법」 제2조제1항 각 호에 따른 유가증권의 매입에 관한 사업을 말한다.

제24조의2(차입 또는 일시 차입) ① 교육감은 법 제56조제2항 전단에 따라 금융기관 등으로부터 차입 또는 일시 차입을 하려는 경우에는 공제회로부터 다음 각 호의 사항을 적은 차입 또는 일시 차입 신청서를 제출받아 차입 또는 일시 차입의 실행 여부를 결정해야 한다.

1. 차입 사유

2. 차입 기관

3. 차입 금액

4. 차입 조건

5. 차입금의 상환 방법 및 기한

6. 그 밖에 자금의 차입과 상환에 필요한 사항

② 교육감은 제1항에 따른 결정 결과를 신청서를 제출받은 날부터 1개월 이내에 공제회에 알려야 한다.

[본조신설 2025. 7. 21.]

제25조(심사청구의 방식) ①법 제57조제1항에 따른 심사청구는 다음 각 호의 사항을 적은 문서(이하 "심사청구서"라 한다)로 하여야 한다.

1. 심사청구인의 이름과 주소

2. 심사청구의 대상이 되는 공제급여의 결정 내용

3. 공제급여에 관한 결정이 있었던 것을 안 날

4. 심사청구의 취지와 이유

5. 심사청구에 관한 고지의 유무와 그 내용

6. 심사청구의 연월일

②심사청구인이 학교안전사고를 당한 피공제자가 아닌 경우에는 심사청구서에 제1항 각 호 외에 다음 각 호의 사항을 적어야 한다.

1. 학교안전사고를 당한 피공제자의 이름

2. 학교안전사고를 당한 피공제자의 사고 당시 소속 학교의 명칭 및 소재지

③심사청구가 대리인에 의하여 제기되는 것인 경우에는 제1항과 제2항에 따른 사항 외에 대리인의 이름과 주소를 심사청구서에 적

어야 한다.

④심사청구서에는 심사청구인이나 그 대리인이 기명날인하여야 한다.

제26조(학교안전공제보상심사위원회의 운영) ①법 제58조제1항에 따른 학교안전공제보상심사위원회(이하 "심사위원회"라 한다)의 위원장은 심사위원회의 회의를 소집하며, 그 의장이 된다.

②심사위원회의 위원장이 회의를 소집하려는 경우에는 회의 개최 5일 전까지 회의의 일시·장소 및 안건을 각 위원에게 서면으로 알려야 한다. 다만, 긴급한 경우에는 그러하지 아니하다.

③심사위원회의 회의는 재적위원 과반수의 출석과 출석위원 과반수의 찬성으로 의결한다.

④심사위원회의 세부적인 운영에 필요한 사항은 심사위원회의 의결을 거쳐 위원장이 정한다.

제27조(위원의 제척·기피·회피) ①심사위원회의 위원은 다음 각 호의 어느 하나에 해당하는 사항에 관한 심리·결정에서 제척(除斥)된다.

1. 위원과 직접적인 이해관계가 있는 사항

2. 위원의 배우자, 4촌 이내의 혈족, 2촌 이내의 인척인 자 또는 위원이 속한 기관과 이해관계가 있는 사항

3. 위원 또는 위원이 속한 기관이 자문·고문 또는 손해사정 등을 행하고 있는 자와 이해관계가 있는 사항

②심사위원회에서 심리·결정하는 사항과 직접적인 이해관계가 있는 자는 위원에게 심리·결정의 공정을 기대하기 어려운 사정이 있는 경우 심사위원회의 위원장에게 기피신청을 할 수 있다. 이 경우

심사위원회의 위원장은 심사위원회의 의결을 거쳐 기피 여부를 결정한다.

③제2항에 따라 기피신청을 하는 자는 신청을 한 날부터 3일 이내에 기피 사유를 서면으로 제출하여야 한다.

④기피신청의 대상이 된 위원은 지체 없이 기피신청에 대한 의견서를 심사위원회의 위원장에게 제출하여야 한다.

⑤위원은 제1항 각 호의 어느 하나에 해당하는 사유나 제2항의 사유에 해당하는 경우에는 심사위원회의 위원장의 승인을 받아 스스로 그 사항의 심리·결정을 회피할 수 있다.

⑥제1항부터 제5항까지의 규정에 따라 심리·결정에 관여하지 못한 위원은 제26조제3항에 따른 재적위원 수의 계산에서 제외한다. 〈개정 2020. 7. 14.〉

제28조(보정 및 각하) ①심사청구가 다음 각 호의 어느 하나에 해당하면 심사위원회의 결정으로 각하하여야 한다.

1. 법 제57조제2항에서 정한 기간이 지난 후 제기되었을 때
2. 법령상의 방식에 위반하여 보정할 수 없을 때
3. 제2항 본문에 따른 기간에 보정하지 아니하였을 때

②심사청구가 법령상의 방식을 위반한 것이라도 보정할 수 있는 경우에는 심사위원회는 상당한 기간을 정하여 심사청구인에게 이를 보정할 것을 요구할 수 있다. 다만, 보정할 사항이 경미한 경우에는 심사위원회의 직권으로 보정할 수 있다.

③심사위원회는 제2항 단서에 따라 직권으로 심사청구를 보정한 경우에는 그 사실을 심사청구인에게 알려야 한다.

제29조(심사청구에 대한 결정의 방법) ①법 제57조에 따른 심사청구에 대한 결정은 문서로 행하여야 한다.

②제1항에 따른 결정서에는 다음 각 호의 사항을 적어야 한다.

1. 사건번호 및 사건명
2. 심사청구인이나 대리인의 이름 및 주소
3. 심사청구인이 학교안전사고를 당한 피공제자가 아닌 경우에는 학교안전사고를 당한 피공제자의 이름 및 주소
4. 주문(主文)
5. 심사청구의 취지
6. 이유
7. 결정 연월일

③심사위원회는 제1항에 따라 심사청구에 대한 결정을 한 때에는 심사청구인에게 심사결정서의 정본(正本)을 송부하여야 한다.

④심사위원회는 심사청구에 대한 결정을 하는 경우에는 그 심사청구인에게 심사청구에 대한 결정에 관하여 재심사청구의 절차와 청구기간을 알려야 한다.

제30조(심리를 위한 조사 등) ①법 제59조제2항에 따른 심사청구인의 신청은 다음 각 호의 사항을 적은 문서로 하여야 한다.

1. 심사청구 사건명
2. 신청의 취지 및 이유
3. 출석하여야 할 관계인의 이름 및 주소(법 제59조제2항제1호의 경우에만 해당한다)
4. 제출하여야 할 문서, 그 밖의 물건의 표시 및 그 소유자 또는

보관자의 이름과 주소(법 제59조제2항제2호의 경우에만 해당한다)

5. 감정이 필요한 사항 및 그 이유(법 제59조제2항제3호의 경우에 만 해당한다)

6. 진단을 받을 피공제자의 이름 및 주소(법 제59조제2항제3호의 경우에만 해당한다)

②심사위원회는 법 제59조제2항 각 호의 어느 하나에 해당하는 행위를 한 경우에는 다음 각 호의 사항을 적은 조서를 작성하고, 심사청구인이나 관계인으로부터 진술을 받은 경우에는 진술조서를 작성하여 첨부하여야 한다.

1. 사건번호 및 사건명
2. 조사의 일시 및 장소
3. 조사 대상 및 조사방법
4. 조사의 결과

제31조(학교안전공제보상재심사위원회의 운영) ①법 제62조제1항에 따른 학교안전공제보상재심사위원회(이하 "재심사위원회"라 한다)의 위원장은 재심사위원회의 회의를 소집하며, 그 의장이 된다.

②재심사위원회의 위원장이 회의를 소집하려는 경우에는 회의 개최 5일 전까지 회의의 일시·장소 및 안건을 각 위원에게 서면으로 알려야 한다. 다만, 긴급한 경우에는 그러하지 아니하다.

③재심사위원회의 회의는 재적위원 과반수의 출석과 출석위원 과반수의 찬성으로 의결한다.

④재심사위원회의 세부적인 운영에 필요한 사항은 재심사위원회의 의결을 거쳐 재심사위원회의 위원장이 정한다.

제32조(재심사청구의 방식) 법 제61조에 따른 재심사청구는 다음 각 호의 사항을 적은 문서로 하여야 한다.

1. 재심사청구인의 이름 및 주소
2. 재심사청구의 대상이 되는 공제급여의 결정 내용
3. 심사청구에 대한 결정서 정본이 심사청구인에게 송달된 날
4. 재심사청구의 취지 및 이유
5. 재심사청구에 관한 고지유무 및 그 내용
6. 재심사청구의 연월일

제33조(준용규정) 재심사청구에 관하여는 제26조부터 제30조까지의 규정을 준용한다. 이 경우 "심사청구인"은 "재심사청구인"으로, "심사위원회"는 "재심사위원회"로, "심사청구서"는 "재심사청구서"로, "결정서"는 "재결서"로, "심사청구"는 "재심사청구"로, "결정"은 "재결"로 본다.

제33조의2(민감정보 및 고유식별정보의 처리) 교육부장관, 교육감, 학교장, 공제회 및 공제중앙회는 다음 각 호에 관한 사무를 수행하기 위하여 불가피한 경우에는 「개인정보 보호법」 제23조에 따른 건강에 관한 정보와 같은 법 시행령 제19조에 따른 주민등록번호, 여권번호, 운전면허의 면허번호나 외국인등록번호가 포함된 자료를 처리할 수 있다.

1. 법 제10조의3에 따른 상담 및 심리적 치료 등의 지원
2. 법 제18조제1항제2호의2에 따른 학교폭력 피해학생의 치료비 등의 지급과 구상권 행사
3. 법 제29조제1항제5호에 따른 한국학교에 대한 학교안전공제사

업

4. 법 제40조의2제1항에 따른 위로금의 지급

5. 법 제41조에 따른 공제급여의 지급

6. 법 제43조에 따른 공제급여의 제한

7. 법 제46조에 따른 부당이득의 환수

8. 법 제48조제1항에 따른 비용의 보전

9. 법 제57조제1항에 따른 심사청구에 대한 접수

10. 법 제59조에 따른 심리 · 결정

11. 법 제61조제1항에 따른 재심사청구에 대한 접수

12. 법 제63조에 따른 심리 · 재결

13. 법 제67조제1항에 따른 자료의 제공 요청 및 제공

[본조신설 2022. 3. 22.]

[종전 제33조의2는 제33조의3으로 이동 〈2022. 3. 22.〉]

제33조의3 삭제 〈2025. 3. 12.〉

제34조(과태료의 부과기준) 법 제72조제1항 및 제2항에 따른 과태료의 부과기준은 별표 8과 같다. 〈개정 2019. 5. 21.〉

[전문개정 2011. 4. 5.]

부칙 〈제20237호, 2007. 8. 29.〉

제1조 (시행일) 이 영은 2007년 9월 1일부터 시행한다.

제2조 (이 영 시행 전 발생한 학교안전사고에 대한 공제급여에 관한 경과조치) 이 영 시행 전에 발생한 학교안전사고에 대한 공제급여는 「민법」에 따라 설립되어 교육감이 각 관할구역별로 운영하고 있는

사단법인 학교안전공제회(이하 “사단법인 학교안전공제회”라 한다)의 지급기준에 따라 사단법인 학교안전공제회를 포괄 승계한 공제회가 지급한다.

부칙 〈제20740호, 2008. 2. 29.〉 (교육과학기술부와 그 소속기관 직제)

제1조(시행일) 이 영은 공포한 날부터 시행한다.

제2조 부터 제6조까지 생략

제7조(다른 법령의 개정) ① 부터 〈57〉 까지 생략

〈58〉 학교안전사고 예방 및 보상에 관한 법률 시행령 일부를 다음과 같이 개정한다.

제4조제5항 단서 중 “교육인적자원부차관인 위원과 교육인적자원부”를 “교육과학기술부차관인 위원과 교육과학기술부”로 한다.

제5조제2항, 제11조제1항 각 호 외의 부분, 제13조 중 “교육인적자원부장관”을 각각 “교육과학기술부장관”으로 한다.

제34조제5항 중 “교육인적자원부령”을 “교육과학기술부령”으로 한다.

〈59〉 부터 〈102〉 까지 생략

부칙 〈제22269호, 2010. 7. 12.〉 (고용노동부와 그 소속기관 직제)

제1조(시행일) 이 영은 공포한 날부터 시행한다. 〈단서 생략〉

제2조(다른 법령의 개정) ① 부터 〈128〉 까지 생략

〈129〉 학교안전사고 예방 및 보상에 관한 법률 시행령 일부를 다음과 같이 개정한다.

별표 4의 상시간병급여의 지급기준란 중 "노동부장관"을 "고용노동부장관"으로 한다.

〈130〉 부터 〈136〉 까지 생략

부칙 〈제22402호, 2010. 9. 27.〉

이 영은 공포한 날부터 시행한다.

부칙 〈제22842호, 2011. 4. 5.〉

제1조(시행일) 이 영은 공포한 날부터 시행한다.

제2조(과태료에 관한 경과조치) 이 영 시행 전의 위반행위에 대하여 과태료의 부과기준을 적용할 때에는 별표 8의 개정규정에도 불구하고 종전의 규정에 따른다.

부칙 〈제23688호, 2012. 3. 30.〉

제1조(시행일) 이 영은 2012년 4월 1일부터 시행한다. 다만, 제8조의 개정규정은 2012년 7월 1일부터 시행하고, 제2조제5호의 개정규정은 2013년 3월 1일부터 시행한다.

제2조(적용례) 제2조제4호 및 제5호의 개정규정은 해당 조항의 시행 후에 발생한 학교안전사고부터 적용한다.

부칙 〈제24077호, 2012. 8. 31.〉 (국민건강보험법 시행령)

제1조(시행일) 이 영은 2012년 9월 1일부터 시행한다. 〈단서 생략〉

제2조 부터 제7조까지 생략

제8조(다른 법령의 개정) ①부터 ㉗까지 생략

㉘ 학교안전사고 예방 및 보상에 관한 법률 시행령 일부를 다음과 같이 개정한다.

제14조제6호 중 "「국민건강보험법」 제46조제2항"을 "「국민건강보험법」 제51조제2항"으로 한다.

㉙ 및 ㉚ 생략

제9조 생략

부칙 〈제24423호, 2013. 3. 23.〉 (교육부와 그 소속기관 직제)

제1조(시행일) 이 영은 공포한 날부터 시행한다. 〈단서 생략〉

제2조 부터 제6조까지 생략

제7조(다른 법령의 개정) ①부터 〈87〉까지 생략

〈88〉 학교안전사고 예방 및 보상에 관한 법률 시행령 일부를 다음과 같이 개정한다.

제10조의3, 제11조제1항 각 호 외의 부분, 제13조 및 제14조제7호 중 "교육과학기술부장관"을 각각 "교육부장관"으로 한다.

제19조의2제3항 중 "교육과학기술부령"을 "교육부령"으로 한다.

〈89〉부터 〈105〉까지 생략

부칙 〈제25726호, 2014. 11. 14.〉

제1조(시행일) 이 영은 2014년 11월 15일부터 시행한다.
제2조(학교장의 교육활동 안전대책의 점검·확인 등에 관한 적용례) 제10조의2(제2항 단서는 제외한다)의 개정규정은 이 영 시행 전에 학교장이 관련 기관 또는 단체 등과 위탁계약을 체결하여 이 영 시행 후 해당 교육활동을 실시하는 경우에 대해서도 적용한다.

부칙 〈제26404호, 2015. 7. 20.〉

제1조(시행일) 이 영은 2015년 7월 21일부터 시행한다.
제2조 (기본계획 및 지역계획에 관한 특례) 제4조 및 제5조의 개정규정에도 불구하고 이 영 시행 이후 최초로 수립하는 기본계획은 2015년 12월 31일까지, 지역계획은 2016년 1월 31일까지 각각 수립하여야 한다.

부칙 〈제28211호, 2017. 7. 26.〉 (행정안전부와 그 소속기관 직제)

제1조(시행일) 이 영은 공포한 날부터 시행한다. 다만, 부칙 제8조에 따라 개정되는 대통령령 중 이 영 시행 전에 공포되었으나 시행일이 도래하지 아니한 대통령령을 개정한 부분은 각각 해당 대통령령의 시행일부터 시행한다.
제2조 부터 제7조까지 생략
제8조(다른 법령의 개정) ①부터 〈51〉까지 생략
〈52〉 학교안전사고 예방 및 보상에 관한 법률 시행령 일부를 다음과 같이 개정한다.

제7조의2에 제1호의2를 다음과 같이 신설하고, 같은 조 제6호를 삭제한다.

1의2. 행정안전부

〈53〉부터 〈388〉까지 생략

부칙 〈제28586호, 2018. 1. 16.〉 (시설물의 안전 및 유지관리에 관한 특별법 시행령)

제1조(시행일) 이 영은 2018년 1월 18일부터 시행한다. 〈단서 생략〉

제2조 부터 제6조까지 생략

제7조(다른 법령의 개정) ①부터 ㉒까지 생략

㉓ 학교안전사고 예방 및 보상에 관한 법률 시행령 일부를 다음과 같이 개정한다.

제9조제2항 중 "「시설물의 안전관리에 관한 특별법」 제2조제7호"를 "「시설물의 안전 및 유지관리에 관한 특별법」 제2조제5호"로 하고, 같은 조 제3항 중 "「시설물의 안전관리에 관한 특별법」 제2조제8호"를 "「시설물의 안전 및 유지관리에 관한 특별법」 제2조제6호"로 하며, 같은 조 제4항 중 "「시설물의 안전관리에 관한 특별법」 제9조"를 "「시설물의 안전 및 유지관리에 관한 특별법」 제28조"로, "같은 법 제25조"를 "같은 법 제45조"로 한다.

제10조의3 중 "「시설물의 안전관리에 관한 특별법 시행령」 제11조의5"를 "「시설물의 안전 및 유지관리에 관한 특별법 시행령」 제12조"로 한다.

㉔ 생략

제8조 생략

부칙 〈제29767호, 2019. 5. 21.〉

이 영은 2019년 6월 19일부터 시행한다.

부칙 〈제29950호, 2019. 7. 2.〉 (어려운 법령용어 정비를 위한 210개 법령의 일부개정에 관한 대통령령)

이 영은 공포한 날부터 시행한다. 〈단서 생략〉

부칙 〈제30830호, 2020. 7. 14.〉

제1조(시행일) 이 영은 공포한 날부터 시행한다.

제2조(요양급여의 지급기준에 관한 적용례) 제14조제1호 단서의 개정규정은 이 영 시행 당시 법 제41조에 따라 요양급여의 지급 절차가 진행 중인 경우에 대해서도 적용한다.

제3조(신체장해의 등급기준에 관한 경과조치) 이 영 시행 전에 법 제41조제1항에 따라 장해급여의 지급을 청구한 경우에는 별표 2의 개정규정에도 불구하고 종전의 규정에 따른다.

부칙 〈제31194호, 2020. 12. 1.〉 (교육시설 등의 안전 및 유지관리 등에 관한 법률 시행령)

제1조(시행일) 이 영은 2020년 12월 4일부터 시행한다.

제2조(다른 법령의 개정) ① 생략

② 학교안전사고 예방 및 보상에 관한 법률 시행령 일부를 다음과 같이 개정한다.

제9조, 제10조, 제10조의3 및 별표 1을 각각 삭제한다.

③ 생략

부칙 〈제31211호, 2020. 12. 1.〉 (국토안전관리원법 시행령)

제1조(시행일) 이 영은 2020년 12월 10일부터 시행한다.

제2조(다른 법령의 개정) ①부터 ⑮까지 생략

⑯ 학교안전사고 예방 및 보상에 관한 법률 시행령 일부를 다음과 같이 개정한다.

제9조제4항 중 "같은 법 제45조에 따라 설립된 한국시설안전공단"을 "「국토안전관리원법」에 따른 국토안전관리원"으로 한다.

⑰ 생략

부칙 〈제31380호, 2021. 1. 5.〉 (어려운 법령용어 정비를 위한 473개 법령의 일부개정에 관한 대통령령)

이 영은 공포한 날부터 시행한다. 〈단서 생략〉

부칙 〈제31846호, 2021. 6. 29.〉 (국민건강보험법 시행령)

제1조(시행일) 이 영은 2021년 6월 30일부터 시행한다. 〈단서 생략〉

제2조 생략

제3조(다른 법령의 개정) 학교안전사고 예방 및 보상에 관한 법률

시행령 일부를 다음과 같이 개정한다.

제14조제6호 중 "「국민건강보험법」 제51조제2항"을 "「국민건강보험법」 제51조제3항"으로 한다.

부칙 〈제32018호, 2021. 9. 29.〉 (어려운 법령용어 정비를 위한 15개 법령의 일부개정에 관한 대통령령)

이 영은 공포한 날부터 시행한다.

부칙 〈제32528호, 2022. 3. 8.〉 (규제 재검토기한 설정 해제 등을 위한 91개 법령의 일부개정에 관한 대통령령)

이 영은 공포한 날부터 시행한다.

부칙 〈제32549호, 2022. 3. 22.〉

이 영은 2022년 3월 25일부터 시행한다.

부칙 〈제35382호, 2025. 3. 12.〉 (규제 재검토기한 정비를 위한 40개 법령의 일부개정에 관한 대통령령)

이 영은 공포한 날부터 시행한다.

부칙 〈제35658호, 2025. 7. 21.〉

제1조(시행일) 이 영은 2025년 7월 22일부터 시행한다.

제2조(취업가능기간의 산정에 관한 적용례) 제15조 각 호 외의 부분 단서의 개정규정은 이 영 시행 당시 공제회ㆍ심사위원회ㆍ재심사위

원회에 계속 중인 사건 및 법원에 계속 중인 소송사건에 대해서도 적용한다.

제3조(신체장해 및 사망에 대한 위자료 산정에 관한 적용례) 별표 5 및 별표 6의 개정규정은 이 영 시행 당시 공제회 · 심사위원회 · 재심사위원회에 계속 중인 사건 및 법원에 계속 중인 소송사건에 대해서도 적용한다.

별표 / 서식

[별표 1] 삭제 〈2020. 12. 1.〉

[별표 2] 신체장해의 등급과 노동력상실률표(제16조제1항 관련)

[별표 3] 2개 부위 이상의 신체장해 종합평가 등급표(제16조제3항부터 제5항까지 관련)

[별표 4] 간병급여의 지급대상 및 지급기준(제17조제1항 관련)

[별표 5] 신체장해에 대한 위자료 기준표(제19조 관련)

[별표 6] 사망에 대한 위자료 기준표(제19조 관련)

[별표 7] 사망자본인의생활비비율표[제20조제1항관련]

[별표 8] 과태료의 부과기준(제34조 관련)

학교안전사고 예방 및 보상에 관한 법률 시행규칙
(약칭 : 학교안전법 시행규칙)

[시행 2025. 7. 22.] [교육부령 제363호, 2025. 7. 22., 일부개정]

**개정 예정 법률 밑줄 별도 표시.

학교안전사고 예방 및 보상에 관한 법률 시행규칙
(약칭 : 학교안전법 시행규칙)

[시행 2025. 7. 22.] [교육부령 제363호, 2025. 7. 22., 일부개정]

제1조(목적) 이 규칙은 「학교안전사고 예방 및 보상에 관한 법률」 및 같은 법 시행령에서 위임된 사항과 그 시행에 필요한 사항을 규정함을 목적으로 한다.

제2조(학교안전교육의 실시) ①학교의 장(이하 "학교장"이라 한다)은 「학교안전사고 예방 및 보상에 관한 법률」(이하 "법"이라 한다) 제8조제1항에 따라 학생·교직원 및 교육활동참여자를 대상으로 다음 각 호의 교육을 하여야 한다. 이 경우 교육횟수·교육시간·강사 및 교육실적에 대한 보고방법 등은 교육부장관이 따로 정하여 고시한다. 〈개정 2012. 3. 30., 2014. 1. 3., 2015. 7. 21.〉

1. 일상생활에서 발생할 수 있는 안전사고 예방을 위한 생활안전교육
2. 교통수단 등으로 발생할 수 있는 안전사고 예방을 위한 교통안전교육
3. 폭력예방 및 신변보호를 위한 안전교육

4. 약물 및 사이버 중독 예방을 위한 안전교육

5. 화재·재난 등의 예방 및 대비를 위한 재난안전교육

6. 일터에서 발생할 수 있는 안전사고 예방을 위한 직업안전교육

7. 응급처치에 관한 교육

8. 그 밖에 안전사고 예방을 위하여 필요한 교육

② 삭제 〈2015. 7. 21.〉

③ 교육부장관 및 교육감은 학교장이 제1항에 따른 학교안전교육을 효율적으로 실시하게 하기 위하여 관련 분야의 전문가로부터 의견을 수렴하여 교육자료의 개발, 체험시설의 확충 및 관련 시설의 이용정보의 제공 등을 해야 한다. 〈신설 2012. 3. 30., 2013. 3. 23., 2020. 7. 17.〉

④ 법 제8조제3항에서 "교육부령으로 정하는 안전교육"이란 제1항에 따른 안전교육을 말한다. 〈신설 2015. 7. 21.〉

⑤ 학교장이 법 제8조제4항에 따라 안전교육을 위탁할 수 있는 전문교육기관·단체 또는 전문가는 다음 각 호와 같다. 〈신설 2015. 7. 21., 2025. 7. 22.〉

1. 국가·지방자치단체 소속의 안전교육 과정을 운영하는 교육기관(소속 직원을 포함한다. 이하 이 항에서 같다.)

2. 「한국도로교통공단법」 제2조에 따른 한국도로교통공단

3. 「소방기본법」 제40조에 따른 한국소방안전원

4. 그 밖에 교육부장관 및 교육감이 안전교육 운영에 적합하다고 인정하는 안전체험시설 및 안전교육기관

제2조의2(요양급여의 세부지급기준) 「학교안전사고 예방 및 보상에

관한 법률 시행령」(이하 "영"이라 한다) 제14조제2항에 따른 요양급여의 세부지급기준은 별표와 같다. 〈개정 2022. 3. 25.〉

[본조신설 2012. 3. 30.]

[제목개정 2022. 3. 25.]

제2조의3(간병료의 지급기준) ① 영 제18조의2제1항제2호에서 "교육부령으로 정하는 기준에 따라 의학적으로 다른 사람의 간병이 필요하다고 인정되는 경우"란 다음 각 호의 경우를 말한다.

1. 두 손의 손가락을 모두 잃거나 사용하지 못하게 되어 혼자 힘으로 식사를 할 수 없는 경우

2. 두 눈의 실명 등으로 일상생활에 필요한 동작을 혼자 힘으로 할 수 없는 경우

3. 뇌의 손상으로 정신이 혼미하거나 착란을 일으켜 일상생활에 필요한 동작을 혼자 힘으로 할 수 없는 경우

4. 신경계통 또는 정신의 장해로 의사소통을 할 수 없는 등 치료에 뚜렷한 지장이 있는 경우

5. 신체 표면 면적의 35퍼센트 이상에 걸친 화상을 입어 수시로 적절한 조치를 할 필요가 있는 경우

6. 골절로 인한 견인장치 또는 석고붕대 등을 하여 일상생활에 필요한 동작을 혼자 힘으로 할 수 없는 경우

7. 하반신 마비 등으로 배뇨·배변을 제대로 하지 못하거나 욕창 방지를 위하여 수시로 체위를 변경시킬 필요가 있는 경우

8. 질병으로 신체가 몹시 허약하여 일상생활에 필요한 동작을 혼자 힘으로 할 수 없는 경우

9. 수술 등으로 일정 기간 거동이 제한되어 일상생활에 필요한 동작을 혼자 힘으로 할 수 없는 경우

10. 그 밖에 부상·질병 상태가 제1호부터 제9호까지의 규정에 순하는 경우

② 영 제18조의2제3항에 따른 간병료의 구체적인 지급기준에 관하여는 「산업재해보상보험법 시행규칙」 제13조제1항을 준용한다.

[전문개정 2022. 3. 25.]

제2조의4(위로금의 청구 및 지급절차) ① 법 제40조의2제1항에 따라 위로금을 받으려는 사람은 별지 제1호서식에 따라 위로금청구서를 작성하여 학교안전공제회(이하 "공제회"라 한다)에 제출하여야 한다.

② 위로금의 지급절차에 대하여는 제7조제3항 및 제4항을 준용한다. 이 경우 "보전비용"은 "위로금"으로 본다.

[본조신설 2012. 3. 30.]

제3조(공제급여의 청구 및 지급 절차 등) ①법 제41조제1항에 따라 공제급여를 받으려는 사람은 별지 제1호서식에 따라 공제급여청구서를 작성하여 공제가입자 또는 공제회에 제출해야 한다. 〈개정 2012. 3. 30., 2022. 3. 25.〉

② 제1항에 따라 제출하는 공제급여청구서에는 청구이유를 증명할 수 있는 자료(법 제36조제4항제3호에 따른 간병료나 같은 조 제5항에 따른 간병에 소요되는 부대경비에 대한 공제급여청구서인 경우에는 의료기관 입원확인서 등 의무기록과 간병 필요 여부 등에 관하여 「의료법」에 따른 의료인이 발급한 소견서로 한다)를 첨부해야 한다. 〈신설 2022. 3. 25.〉

③공제가입자는 제1항에 따라 공제급여청구서를 받으면 이를 지체 없이 공제회에 제출하여야 한다. 〈개정 2022. 3. 25.〉

④공제회는 공제급여를 지급하는 결정을 내린 경우 그 사실을 공제가입자와 공제급여의 지급을 청구한 자에게 알려야 한다. 〈개정 2022. 3. 25.〉

제4조(급여원부의 작성) ①공제회는 공제급여를 하였을 때에는 그 급여를 받은 피공제자별 급여원부를 작성하여 갖추어 두어야 한다.

②공제회는 공제급여와 관계 있는 자의 청구를 받으면 급여원부를 열람시켜야 하며, 필요하면 증명서를 발부할 수 있다.

제5조(공제급여의 제한) 법 제43조제4항에서 "교육부령으로 정하는 기간"이란 공제가입자가 공제료의 납부통지를 받은 날부터 30일을 말한다. 〈개정 2008. 3. 4., 2013. 3. 23., 2025. 7. 22.〉

제5조의2(사고발생통지) 법 제44조제2항에 따라 공제가입자가 학교안전사고가 발생하였음을 통지하는 경우에는 별지 제2호서식에 따라 신고서를 작성하여 공제회에 제출해야 한다.

[전문개정 2025. 7. 22.]

제6조(부당이득의 환수) ①공제회는 법 제46조에 따라 부당이득을 환수하기로 결정하였을 때에는 지체 없이 납부 책임이 있는 자에게 그 금액을 납부할 것을 통지하여야 한다.

②제1항에 따라 통지를 받은 자는 통지 받은 날부터 30일 이내에 그 금액을 내야 한다.

제7조(비용의 보전) ①법 제48조제2항에 따라 보전하는 비용(이하 "보전비용"이라 한다)은 다음 각 호와 같다.

1. 손해의 방지와 경감을 위하여 지출한 손해방지·경감비용 및 긴급조치 비용의 전부 또는 일부

2. 남으로부터 손해배상을 받을 수 있는 권리의 보전과 행사를 위하여 지출한 필요 비용 또는 유익한 비용의 전부 또는 일부

3. 학교안전사고와 관련한 민사·형사소송의 비용 및 공탁대부금의 전부 또는 일부

②보전비용을 받으려는 자는 별지 제1호서식에 따라 보전비용청구서를 작성하여 공제가입자를 거쳐 공제회에 제출하여야 한다.

③제2항에 따라 보전비용의 청구를 받은 공제회는 청구 받은 날부터 14일 이내에 보전비용의 지급 여부를 결정하여야 한다. 조사의 필요성 등 정당한 사유가 있어 14일 이내에 공제급여의 지급 여부 결정이 어려운 때에는 추가로 14일을 연장할 수 있다.

④공제회가 보전비용을 지급하기로 결정한 경우에는 지체 없이 보전비용을 청구한 자에게 보전비용을 지급하여야 한다.

제8조(공제료에 대한 이의 신청) 법 제49조제5항에 따라 통보된 공제료에 대하여 이의가 있는 공제가입자는 통보를 받은 날부터 14일 이내에 별지 제3호서식에 따라 공제료 이의 신청서를 작성하여 공제회에 제출하여야 한다. 〈개정 2012. 3. 30.〉

제9조(공제료의 납부) ①공제회는 법 제50조제1항에 따라 학교별 공제료를 정하여 매년 4월 1일까지 공제가입자에게 통보하여야 한다.

②제1항에 따라 공제가입자는 공제료를 매년 4월 30일까지 공제회에 내야 한다. 다만, 법 제12조 단서에 따라 공제회에 가입한 공

제가입자는 가입한 날부터 30일 이내에 공제료를 내야 한다.

제9조의2(기금의 지원 등) ① 교육감은 법 제51조제3항에 따라 학교폭력 피해학생의 치료비 등에 소요되는 예상경비를 매년 4월 30일까지 공제회에 지원하여야 한다.

② 공제회는 다음 연도 1월 말일까지 정산하여 그 결과를 교육감에게 통보하여야 하며, 집행잔액은 이월금에 포함하여야 한다.

[본조신설 2012. 3. 30.]

제9조의3(집행 기준 등) ① 법 제53조제2항에 따라 학교폭력 피해학생의 상담 및 치료기간은 2년으로 하고, 일시보호의 기간은 30일로 한다. 다만, 추가적인 치료 등을 위하여 학교폭력 피해학생 및 보호자가 요청하는 경우에는 법 제58조제1항에 따른 학교안전공제보상심사위원회의 심의를 거쳐 1년의 범위에서 상담 및 치료기간을 연장할 수 있다.

② 제1항에 따른 학교폭력 피해학생 및 보호자는 별지 제4호서식에 따라 치료비 등 청구서를 작성하여 공제회에 제출하여야 한다.

③ 공제회는 학교폭력 피해학생에 대한 치료비 등의 지급을 결정하기 전에 학교장이 별지 제5호서식에 따라 작성하여 제출한 자료 등을 통하여 사실관계를 확인하여야 하고, 필요한 경우에는 관련 전문가의 자문을 받을 수 있다.

④ 공제회는 학교폭력 피해학생에 대한 치료비 등의 지급을 결정한 때에는 지급하기 전에 학교폭력 가해학생 및 보호자에게 알려야 한다.

[본조신설 2012. 3. 30.]

제10조(기금운용계획) ①법 제55조에 따른 학교안전공제및사고예방기금(이하 "기금"이라 한다)의 운용계획에는 다음 각 호의 사항이 포함되어야 한다.

1. 기금의 수입 및 지출에 관한 사항
2. 해당연도의 사업계획 및 자금계획에 관한 사항
3. 전년도 이월자금의 처리에 관한 사항
4. 적립금에 관한 사항
5. 그 밖에 기금 운용에 필요한 사항

②공제회는 제1항에 따라 기금운용계획을 수립하여 매 사업연도 시작 1개월 전까지 교육감에게 제출하여야 한다.

제11조 삭제 〈2012. 3. 30.〉

부칙 〈제912호, 2007. 8. 30.〉

이 규칙은 2007년 9월 1일부터 시행한다.

부칙 〈제1호, 2008. 3. 4.〉 (교육과학기술부와 그 소속기관 직제 시행규칙)

제1조(시행일) 이 영은 공포한 날부터 시행한다.

제2조 부터 제4조까지 생략

제5조(다른 법령의 개정) ① 부터 ㊺ 까지 생략

㊻ 학교안전사고 예방 및 보상에 관한 법률 시행규칙 일부를 다음과 같이 개정한다.

제5조 중 "교육인적자원부령이 정하는 기간"을 "교육과학기술부령

이 정하는 기간"으로 한다.

㊼ 부터 〈63〉 까지 생략

부칙 〈제142호, 2012. 3. 30.〉

제1조(시행일) 이 영은 2012년 4월 1일부터 시행한다.

제2조(요양급여지급기준 적용례) 제2조의2의 개정규정은 이 영 시행 후 발생하는 학교안전사고부터 적용한다.

제3조(기금의 지원시기) 제9조의2제1항의 개정규정에 따라 교육감이 공제회에 지원하는 경비와 관련하여 2012년도에 해당하는 경비는 2012년 12월 31일까지 지급한다.

부칙 〈제1호, 2013. 3. 23.〉 (교육부와 그 소속기관 직제 시행규칙)

제1조(시행일) 이 규칙은 공포한 날부터 시행한다. 〈단서 생략〉

제2조 부터 제6조까지 생략

제7조(다른 법령의 개정) ①부터 〈56〉까지 생략

〈57〉 학교안전사고 예방 및 보상에 관한 법률 시행규칙 일부를 다음과 같이 개정한다.

제2조제3항 중 "교육과학기술부장관"을 "교육부장관"으로 한다.

제5조 중 "교육과학기술부령"을 "교육부령"으로 한다.

〈58〉부터 〈61〉까지 생략

부칙 〈제21호, 2014. 1. 3.〉

이 규칙은 공포한 날부터 시행한다.

부칙 〈제69호, 2015. 7. 21.〉

이 규칙은 2015년 7월 21일부터 시행한다.

부칙 〈제96호, 2016. 4. 20.〉 (법령서식 일괄 개정을 위한 교원자격검정령 시행규칙 등 일부개정령)

제1조(시행일) 이 규칙은 공포한 날부터 시행한다.

제2조(서식 개정에 관한 경과조치) 이 규칙 시행 당시 종전의 규정에 따른 서식은 이 규칙 시행 이후 3개월 간 이 규칙에 따른 서식과 함께 사용할 수 있다.

부칙 〈제188호, 2019. 9. 17.〉 (어려운 법령용어 정비를 위한 26개 법령의 일부개정에 관한 교육부령)

이 규칙은 공포한 날부터 시행한다.

부칙 〈제213호, 2020. 7. 17.〉

이 규칙은 공포한 날부터 시행한다.

부칙 〈제262호, 2022. 3. 25.〉

이 규칙은 2022년 3월 25일부터 시행한다.

부칙 〈제288호, 2022. 11. 7.〉

제1조(시행일) 이 규칙은 공포한 날부터 시행한다.

제2조(요양급여의 세부지급기준에 관한 적용례) 별표의 개정규정은 이 규칙 시행 이후 발생하는 학교안전사고부터 적용한다.

부칙 〈제363호, 2025. 7. 22.〉

이 규칙은 공포한 날부터 시행한다.

별표 / 서식

[별표] 요양급여의 세부지급기준(제2조의2 관련)

[별지 제1호서식] 공제급여(위로금, 보전비용) 청구서(중간, 최종)

[별지 제2호서식] 학교안전사고 발생 신고서

[별지 제3호서식] 공제료 이의 신청서

[별지 제4호서식] 학교폭력 피해 치료비 등 청구서

[별지 제5호서식] 학교폭력사고발생 확인서

대한민국 법령 시리즈 7

학교안전사고 예방 및 보상에 관한 법률

(약칭 : 학교안전법)

법 령 / 시 행 령 / 시 행 규 칙

2025년 9월 5일 인쇄 정가 14,000원
2025년 9월 15일 발행

편 저 편집부
디 자 인 송영미
발 행 인 조준형
발 행 처 해광출판사
http://www.hgbookpub.com
E-mail : munbookcokr@naver.com
주 소 부산광역시 중구 해관로 41-1 (중앙동2가)
전화번호 (051) 253-0001 팩스 (051) 245-1187
등 록 제 2012-000005호

해광출판사에서는 여러분의 소중한 원고와 함께 할 기회를 기다리고 있습니다. 책으로 엮을 원고나 아이디어가 있으신 분들은 이메일 munbookcokr@naver.com로 책에 대한 간단한 개요와 원고 전체 또는 일부를 연락처와 함께 보내주십시오.

ISBN 979-11-6881-884-2

※ 법령 출처 : 법제처 국가법령정보센터
※ 본 도서는 〈공공데이터 제공 및 이용 활성화에 관한 법률〉을 근거로 출판되었습니다.

해광출판사 대한민국 법령 시리즈

001. 선원법
002. 어선법
003. 선박직원법
004. 해사안전기본법
005. 해양환경관리법
006. 선박의 입항 및 출항등에 관한 법률
007. 학교안전사고예방 및 보상에 관한 법률
008. 종합부동산세법
009. 방위사업법
010. 행정규제기본법
011. 식품산업진흥법
012. 위험물안전관리법
013. 화재의 예방 및 안전관리에 관한 법률
014. 도시가스사업법
015. 실내공기질관리법
016. 지방세법
017. 소득세법
018. 법인세법
019. 도선법
020. 선박안전법
021. 선박법
022. 수산업법
023. 고압가스안전관리법
024. 국민연금법
025. 공동주택관리법
026. 화학물질관리법
027. 어선원 및 어선 재해보상보험법
028. 장기등 이식에 관한 법률
029. 자연재해대책법
030. 공유재산 및 물품 관리법
031. 산업입지 및 개발에 관한 법률
032. 부정경쟁방지 및 영업비밀보호에 관한 법률
033. 금융지주회사법
034. 온실가스 배출권의 할당 및 거래에 관한 법률
035. 건축사법
036. 산림문화휴양에 관한 법률
037. 전기사업법
038. 사립학교법
039. 고등교육법
040. 액화석유가스의 안전관리 및 사업법
041. 선박투자회사법
042. 수산자원관리법
043. 위험물선박운송및저장규칙
044. 선박평형수관리법
045. 주택임대차보호법
046. 상가건물임대차보호법
047. 지방공기업법
048. 승강기안전관리법
049. 수목원·정원의 조성 및 진흥에 관한 법률
050. 민법
051. 치료감호 등에 관한 법률
052. 대부업 등의 등록 및 금융이용자 보호에 관한 법률
053. 사료관리법
054. 무형문화재 보전 및 진흥에 관한 법률
055. 총포·도검·화약류 등의 안전관리에 관한 법률
056. 경찰관직무집행법
057. 시설물의 안전 및 유지관리에 관한 특별법
058. 수산생물질병 관리법
059. 소비자기본법
060. 국제선박등록법
061. 정보통신망 이용촉진 및 정보보호 등에 관한 법률
062. 해운법
063. 농수산물 품질관리법
064. 수산업협동조합법
065. 해외건설촉진법
066. 수상레저안전법
067. 공무원재해보상법
068. 수상에서의 수색·구조 등에 관한 법률
069. 어촌어항법
070. 항만법
071. 항만운송사업법
072. 해양경비법
073. 해양사고의 조사 및 심판에 관한 법률
074. 외국인근로자의 고용 등에 관한 법률
075. 중소기업기본법
076. 자유무역지역의 지정 및 운영에 관한 법률
077. 대기환경보전법
078. 소음진동관리법
079. 폐기물관리법
080. 하수도법
081. 물환경보전법
082. 토양환경보전법
083. 환경정책기본법
084. 산업재해보상보험법
085. 관세법
086. 노동조합 및 노동관계조정법
087. 근로기준법
088. 군인연금법
089. 먹는물관리법
090. 기술보증기금법
091. 관광진흥법
092. 감염병의 예방 및 관리에 관한 법률
093. 사법경찰관리의 직무를 수행할 자와 그 직무범위에 관한 법률
094. 수의사법
095. 가정폭력방지 및 피해자보호 등에 관한 법률
096. 환경영향평가법
097. 체육시설의 설치 · 이용에 관한 법률
098. 장사 등에 관한 법률
099. 상호저축은행법
100. 은행법
101. 보호관찰 등에 관한 법률
102. 형법
103. 자동차관리법
104. 형사소송법
105. 전자금융거래법
106. 마약류 불법거래 방지에 관한 특례법
107. 도로법
108. 주세법
109. 변리사법
110. 하천법
111. 중소기업진흥에 관한 법률
112. 발달장애인 권리보장 및 지원에 관한 법률
113. 주택법
114. 장애인복지법
115. 농어업경영체 육성 및 지원에 관한 법률
116. 공인중개사법
117. 건강기능식품에 관한 법률
118. 예비군법
119. 개발제한구역의 지정 및 관리에 관한 특별조치법
120. 국유재산법
121. 주차장법
122. 환경기술 및 환경산업 지원법
123. 대기관리권역의 대기환경개선에 관한 특별법
124. 악취방지법
125. 미세먼지 저감 및 관리에 관한 특별법
126. 가축분뇨의 관리 및 이용에 관한 법률
127. 물의 재이용 촉진 및 지원에 관한 법률
128. 물관리기본법
129. 물관리기술 발전 및 물산업 진흥에 관한 법률
130. 자원의 절약과 재활용촉진에 관한 법률
131. 전기 · 전자제품 및 자동차의 자원순환에 관한 법률
132. 건설폐기물의 재활용촉진에 관한 법률
133. 수도권매립지관리공사의 설립 및 운영 등에 관한 법률
134. 폐기물의 국가 간 이동 및 그 처리에 관한 법률
135. 폐기물처리시설 설치촉진 및 주변지역지원 등에 관한 법률
136. 자원순환기본법
137. 잔류성오염물질 관리법
138. 환경분쟁 조정법

해광출판사 대한민국 법령 시리즈

139. 화학물질의 등록 및 평가 등에 관한 법률
140. 환경오염시설의 통합관리에 관한 법률
141. 환경오염피해 배상책임 및 구제에 관한 법률
142. 중소기업제품 구매촉진 및 판로지원에 관한 법률
143. 환경개선비용 부담법
144. 환경분야 시험·검사 등에 관한 법률
145. 환경친화적 산업구조로의 전환촉진에 관한 법률
146. 환경친화적 자동차의 개발 및 보급 촉진에 관한 법률
147. 환경범죄 등의 단속 및 가중처벌에 관한 법률
148. 생명윤리 및 안전에 관한 법률
149. 장애인차별금지 및 권리구제 등에 관한 법률
150. 부동산투자회사법
151. 정치자금법
152. 과학기술기본법
153. 대리점거래의 공정화에 관한 법률
154. 상속세 및 증여세법
155. 학원의 설립 · 운영 및 과외교습에 관한 법률
156. 해양심층수의 개발 및 관리에 관한 법률
157. 전기용품 및 생활용품 안전관리법
158. 사회기반시설에 대한 민간투자법
159. 공직선거법
160. 정당법
161. 유류오염손해배상 보장법
162. 부정청탁 및 금품등 수수의 금지에 관한 법률
163. 항로표지법
164. 어장관리법
165. 민방위기본법
166. 공직자윤리법
167. 선거관리위원회법
168. 유선 및 도선 사업법
169. 전기공사업법
170. 사회복지사업법
171. 택지개발촉진법
172. 국가공무원법
173. 민간임대주택에 관한 특별법
174. 어음법·수표법
175. 민사집행법
176. 상법
177. 문화예술진흥법
178. 중소기업협동조합법
179. 농업협동조합법
180. 도로교통법
181. 의료사고 피해구제 및 의료분쟁 조정 등에 관한 법률
182. 산림보호법
183. 소년법
184. 동물보호법
185. 건축물관리법
186. 도시개발법
187. 화물자동차 운수사업법
188. 도시 및 주거환경정비법
189. 의료법
190. 국회법
191. 응급의료에 관한 법률
192. 출입국관리법
193. 노인복지법
194. 산림자원의 조성 및 관리에 관한 법률
195. 청소년 보호법
196. 초 · 중등교육법
197. 혁신도시 조성 및 발전에 관한 특별법
198. 경제자유구역의 지정 및 운영에 관한 특별법
199. 공공기관의 운영에 관한 법률
200. 대한민국헌법
201. 국민기초생활 보장법
202. 저작권법
203. 가사소송법
204. 국가유공자 등 예우 및 지원에 관한 법률
205. 국민체육진흥법
206. 전통주 등의 산업진흥에 관한 법률
207. 재난 및 안전관리 기본법
208. 정보통신공사업법
209. 주식회사 등의 외부감사에 관한 법률
210. 공익사업을 위한 토지 등의 취득 및 보상에 관한 법률
211. 개인정보 보호법
212. 국세기본법
213. 에너지이용 합리화법
214. 감정평가 및 감정평가사에 관한 법률
215. 국가인권위원회법
216. 가맹사업거래의 공정화에 관한 법률
217. 보건의료기본법
218. 산업안전보건법
219. 법무사법
220. 교육공무원법
221. 특허법
222. 민사소송법
223. 아동복지법
224. 전파법
225. 하도급거래 공정화에 관한 법률
226. 기초연금법
227. 사립학교교직원 연금법
228. 직업안정법
229. 장애아동 복지지원법
230. 부동산등기법
231. 자동차손해배상 보장법
232. 철도안전법
233. 항공안전법
234. 전자상거래 등에서의 소비자보호에 관한 법률
235. 독점규제 및 공정거래에 관한 법률
236. 상표법
237. 채무자 회생 및 파산에 관한 법률
238. 공무원연금법
239. 축산법
240. 근로복지기본법
241. 민원 처리에 관한 법률
242. 약사법
243. 방문판매 등에 관한 법률
244. 건축기본법
245. 지방세기본법
246. 지방세징수법
247. 지방자치법
248. 도시교통정비 촉진법
249. 공공주택 특별법
250. 국세징수법
251. 공인노무사법
252. 중대재해 처벌 등에 관한 법률
253. 외무공무원법
254. 소방시설공사업법
255. 검역법
256. 공중위생관리법
257. 할부거래에 관한 법률
258. 인터넷 멀티미디어 방송사업법
259. 전기통신사업법
260. 제품안전기본법
261. 철도사업법
262. 어린이제품 안전 특별법
263. 영유아보육법
264. 원자력안전법
265. 보험업법
266. 경비업법
267. 교통안전법
268. 세무사법
269. 관세사법
270. 공인회계사법
271. 지방공무원법
272. 고용정책 기본법
273. 국가경찰과 자치경찰의 조직 및 운영에 관한 법률
274. 협동조합 기본법
275. 재해구호법
276. 환경보건법

해광출판사 대한민국 법령 시리즈

277. 자살예방 및 생명존중문화 조성을 위한 법률
278. 소방산업의 진흥에 관한 법률
279. 소방기본법
280. 비송사건절차법
281. 자연환경보전법
282. 변호사법
283. 기업구조조정투자회사법
284. 전기통신기본법
285. 에너지법
286. 해양생태계의 보전 및 관리에 관한 법률
287. 사회보장기본법
288. 통신비밀보호법
289. 공증인법
290. 물류시설의 개발 및 운영에 관한 법률
291. 청소년활동 진흥법
292. 형의 집행 및 수용자의 처우에 관한 법률
293. 도시공원 및 녹지 등에 관한 법률
294. 태권도 진흥 및 태권도공원 조성 등에 관한 법률
295. 녹색건축물 조성 지원법
296. 우편법
297. 예금자보호법
298. 건설산업기본법
299. 금융회사의 지배구조에 관한 법률
300. 장애인활동 지원에 관한 법률
301. 언론중재 및 피해구제 등에 관한 법률
302. 국가재정법
303. 농지법
304. 게임산업진흥에 관한 법률
305. 정신건강증진 및 정신질환자 복지서비스 지원에 관한 법률
306. 디자인보호법
307. 의료기사 등에 관한 법률
308. 스마트도시 조성 및 산업진흥 등에 관한 법률
309. 내수면어업법
310. 한국주택금융공사법
311. 의료기기법
312. 유통산업발전법
313. 전통시장 및 상점가 육성을 위한 특별법
314. 여신전문금융업법
315. 해외자원개발 사업법
316. 산업교육진흥 및 산학연협력촉진에 관한 법률
317. 빈집 및 소규모주택 정비에 관한 특례법
318. 기업도시개발 특별법
319. 전력기술관리법
320. 국토기본법
321. 지하수법
322. 식품위생법
323. 광업법
324. 호스피스·완화의료 및 임종과정에 있는 환자의 연명의료결정에 관한 법률
325. 주식·사채 등의 전자등록에 관한 법률
326. 표시·광고의 공정화에 관한 법률
327. 골재채취법
328. 국민건강증진법
329. 새마을금고법
330. 여객자동차 운수사업법
331. 마리나항만의 조성 및 관리 등에 관한 법률
332. 한부모가족지원법
333. 국가를 당사자로 하는 계약에 관한 법률
334. 지방자치단체를 당사자로 하는 계약에 관한 법률
335. 축산물 위생관리법
336. 병역법
337. 음악산업진흥에 관한 법률
338. 국가균형발전 특별법
339. 첨단재생의료 및 첨단바이오의약품 안전 및 지원에 관한 법률
340. 공간정보의 구축 및 관리 등에 관한 법률
341. 공유수면 관리 및 매립에 관한 법률
342. 농수산물 유통 및 가격안정에 관한 법률
343. 아시아문화중심도시 조성에 관한 특별법
344. 신탁법
345. 자연공원법
346. 생활화학제품 및 살생물제의 안전관리에 관한 법률
347. 군인사법
348. 국제조세조정에 관한 법률
349. 낙동강수계 물관리 및 주민지원 등에 관한 법률
350. 주민등록법
351. 집합건물의 소유 및 관리에 관한 법률
352. 집단에너지사업법
353. 산림조합법
354. 반도체집적회로의 배치설계에 관한 법률
355. 자본시장과 금융투자업에 관한 법률
356. 담보부사채신탁법
357. 근로자퇴직급여 보장법
358. 국제과학비즈니스벨트 조성 및 지원에 관한 특별법
359. 수도법
360. 식품 등의 표시·광고에 관한 법률
361. 약관의 규제에 관한 법률
362. 인삼산업법
363. 종자산업법
364. 항공사업법
365. 건설기계관리법
366. 군형법
367. 궤도운송법
368. 기술의 이전 및 사업화 촉진에 관한 법률
369. 농수산물의 원산지 표시 등에 관한 법률
370. 담배사업법
371. 석유 및 석유대체연료 사업법
372. 가축전염병 예방법
373. 농어촌정비법
374. 식물신품종 보호법
375. 항공보안법
376. 중소기업창업 지원법
377. 군사법원법
378. 우주개발 진흥법
379. 해저광물자원 개발법
380. 산림복지 진흥에 관한 법률
381. 지능형 로봇 개발 및 보급 촉진법
382. 헌법재판소법
383. 옥외광고물 등의 관리와 옥외광고산업 진흥에 관한 법률
384. 혈액관리법
385. 국제항해선박 등에 대한 해적행위 피해예방에 관한 법률
386. 유료도로법
387. 독립유공자예우에 관한 법률
388. 신에너지 및 재생에너지 개발·이용·보급 촉진법
389. 신용정보의 이용 및 보호에 관한 법률
390. 출판문화산업 진흥법
391. 공항시설법
392. 국민 평생 직업능력 개발법
393. 아동·청소년의 성보호에 관한 법률
394. 방송법쉬
395. 신용보증기금법
396. 화장품법
397. 청소년 기본법
398. 인터넷주소자원에 관한 법률
399. 양곡관리법
400. 도로명주소법
401. 전자문서 및 전자거래 기본법
402. 산업기술의 유출방지 및 보호에 관한 법률
403. 국가기술자격법
404. 양식산업발전법
405. 산업기술혁신 촉진법
406. 새만금사업 추진 및 지원에 관한 특별법
407. 전자정부법
408. 지역 개발 및 지원에 관한 법률
409. 한국농어촌공사 및 농지관리기금법
410. 계량에 관한 법률
411. 기업활동 규제완화에 관한 특별조치법
412. 군에서의 형의 집행 및 군수용자의 처우에 관한 법률

해광출판사 대한민국 법령 시리즈

413. 규제자유특구 및 지역특화발전특구에 관한 규제특례법
414. 금융위원회의 설치 등에 관한 법률
415. 남녀고용평등과 일·가정 양립 지원에 관한 법률
416. 농어업인 삶의 질 향상 및 농어촌지역 개발촉진에 관한 특별법
417. 댐건설·관리 및 주변지역지원 등에 관한 법률
418. 국가유산수리 등에 관한 법률
419. 법원조직법
420. 보훈보상대상자 지원에 관한 법률
421. 부패방지 및 국민권익위원회의 설치와 운영에 관한 법률
422. 과학기술분야 정부출연연구기관 등의 설립·운영 및 육성에 관한 법률
423. 연구개발특구의 육성에 관한 특별법
424. 친환경농어업 육성 및 유기식품 등의 관리·지원에 관한 법률
425. 연안관리법
426. 영화 및 비디오물의 진흥에 관한 법률
427. 신용협동조합법
428. 방송통신발전 기본법
429. 범죄피해자 보호법
430. 가축 및 축산물 이력관리에 관한 법률
431. 국가표준기본법
432. 국가통합교통체계효율화법
433. 범죄인 인도법
434. 국가과학기술 경쟁력 강화를 위한 이공계지원 특별법
435. 국제경기대회 지원법
436. 금융혁신지원 특별법
437. 수자원의 조사·계획 및 관리에 관한 법률
438. 축산자조금의 조성 및 운용에 관한 법률
439. 소방시설 설치 및 관리에 관한 법률
440. 양성평등기본법
441. 축산계열화사업에 관한 법률
442. 수입식품안전관리 특별법
443. 대외무역법
444. 국가연구개발사업 등의 성과평가 및 성과관리에 관한 법률
445. 무역보험법
446. 기술사법
447. 광산안전법
448. 농약관리법
449. 농업·농촌 및 식품산업 기본법
450. 문화산업진흥 기본법
451. 부담금관리 기본법
452. 야생생물 보호 및 관리에 관한 법률
453. 한국은행법
454. 별정우체국법
455. 원양산업발전법
456. 콘텐츠산업 진흥법
457. 한국수출입은행법
458. 외국인투자 촉진법
459. 물류정책기본법
460. 전자서명법
461. 산업발전법
462. 산업표준화법
463. 소프트웨어 진흥법
464. 토지이용규제 기본법
465. 해수욕장의 이용 및 관리에 관한 법률
466. 정보통신 진흥 및 융합 활성화 등에 관한 특별법
467. 정보통신산업 진흥법
468. 지진·화산재해대책법
469. 소금산업진흥법
470. 위치정보의 보호 및 이용 등에 관한 법률
471. 외국법자문사법
472. 이러닝(전자학습)산업 발전 및 이러닝 활용 촉진에 관한 법률
473. 암관리법
474. 실용신안법
475. 가족관계의 등록 등에 관한 법률
476. 무인도서의 보전 및 관리에 관한 법률
477. 감사원법
478. 정보보호산업의 진흥에 관한 법률
479. 결혼중개업의 관리에 관한 법률
480. 공익신고자 보호법
481. 박물관 및 미술관 진흥법
482. 낚시 관리 및 육성법
483. 동산·채권 등의 담보에 관한 법률
484. 임금채권보장법
485. 국민투표법
486. 농림수산업자 신용보증법
487. 국가채권 관리법
488. 중소기업은행법
489. 식품안전기본법
490. 외국환거래법
491. 발명진흥법
492. 건설기술 진흥법
493. 기후위기 대응을 위한 탄소중립·녹색성장 기본법
494. 인체조직안전 및 관리 등에 관한 법률
495. 엔지니어링산업 진흥법
496. 신문 등의 진흥에 관한 법률
497. 식물방역법
498. 석탄산업법
499. 산업융합 촉진법
500. 비료관리법
501. 임업 및 산촌 진흥촉진에 관한 법률
502. 복권 및 복권기금법
503. 대규모유통업에서의 거래 공정화에 관한 법률
504. 뉴스통신 진흥에 관한 법률
505. 지능정보화 기본법
506. 자격기본법
507. 중소기업 기술혁신 촉진법
508. 국가공간정보 기본법
509. 농어업재해대책법
510. 방송광고판매대행 등에 관한 법률
511. 지식재산 기본법
512. 초고층 및 지하연계 복합건축물 재난관리에 관한 특별법
513. 해양 조사와 해양정보 활용에 관한 법률
514. 공간정보산업 진흥법
515. 공공기관의 정보공개에 관한 법률
516. 행정기본법
517. 해상교통안전법
518. 농어업재해보험법
519. 문화유산의 보존 및 활용에 관한 법률
520. 자연유산의 보존 및 활용에 관한 법률
521. 국토의 계획 및 이용에 관한 법률
522. 건축법
523. 국민건강보험법
524. 계엄법
525. 환경친화적 선박의 개발 및 보급 촉진에 관한 법률
526. 해양폐기물 및 해양오염퇴적물 관리법
527. 연안사고 예방에 관한 법률
528. 전기안전관리법
529. 의약품 등의 안전에 관한 규칙
530. 공공보건의료에 관한 법률
531. 군보건의료에 관한 법률
532. 농어촌 등 보건의료를 위한 특별조치법
533. 보호소년 등의 처우에 관한 법률
534. 국가를 당사자로 하는 소송에 관한 법률
535. 간호법
536. 국립묘지의 설치 및 운영에 관한 법률
537. 주류 면허 등에 관한 법률
538. 부가가치세법
539. 자율운항선박 개발 및 상용화 촉진에 관한 법률

*** 해광출판사의 법령 시리즈는 계속 발행 됩니다.**
**** 각 도서의 개정판은 인쇄일을 기준으로 제작 되었습니다.**